KORSIKA

DIE AUTORIN

Monika Siegfried-Hagenow, geboren 1952, studierte Kunst, Germanistik und Pädagogik. Heute lebt die freie Journalistin, Fotografin und Regisseurin zahlreicher Dokumentarfilme in einem kleinen korsischen Bergdorf und in Bergneustadt. Ihre besondere Liebe gilt seit fast 40 Jahren der »Insel der Schönheit«, unter anderem hat sie viele Reportagen über Korsika verfasst.

www.vistapoint.de

Inhalt

Top 10 & Willkommen

Chronik

Stadttour Bastia mit Detailkarte

Vista Points – Sehenswertes

Service von A bis Z

Sprachführer

Extras – Zusatzinformationen

Zeichenerklärung

Top 10
Das müssen Sie gesehen haben, s. vordere innere und hintere Umschlagklappe.

Vista Point
Reiseregionen, Orte und Sehenswürdigkeiten

Symbole
Verwendete Symbole s. hintere innere Umschlagklappe.

Kartensymbol: Verweist auf das entsprechende Planquadrat der ausfaltbaren Karte bzw. der Detailpläne im Buch.

Willkommen auf Korsika

Korsika, das »Ferienparadies im Mittelmeer«, die »Insel der Schönheit«, die »Sonneninsel«, bunte Prospekte verheißen die Erfüllung der Sehnsucht nach Sand und Sonne mit 1000 Kilometern Küste und 270 Sonnentagen im Jahr.

Aber Korsika ist anders, ein Kontinent für sich, wenn auch nur 183 Kilometer lang und 83 Kilometer breit. 170 Kilometer, eine halbe Flugstunde oder ein halber Tag auf dem Schiff liegen zwischen dem Süden Frankreichs und Korsika.

Eine andere Distanz zwischen der Insel und dem »Mutterland« lässt sich nicht so leicht in Zahlen fassen und noch schwerer überwinden: Unterschiede in Kultur, Mentalität und Sprache. Auch wenn die Korsen einen französischen Pass besitzen, fühlen sie sich in erster Linie als Korsen; Korsika ist nicht Frankreich, auch wenn es dazugehört. Doch ohne Renten, Pensionen und Subventionen aus Paris wäre die Insel schon lange nicht mehr lebensfähig. Das Verhältnis der Korsen zum »Kontinent« ist voller Kontraste wie die Landschaft selbst.

Berge und Küste, eine typische Kombination für Korsika wie hier am Pointe de la Parata bei Ajaccio

Flaches, fruchtbares Schwemmland mit einem über 100 Kilometer langen Sandstrand beherrscht die Ostküste. Schroff dagegen stürzen sich steile Klippen und bizarr geformte Felsen im Westen ins Meer, unterbrochen von kleinen und großen Buchten, in die Flüsse münden. Oft krönt bis in den Sommer hinein Schnee die alpinen Gipfel, während zwei Autostunden entfernt Sandburgen von Wellen überspült werden. Ausgedehnte Wälder beschatten Berghänge, anderswo dörrt die Sonne unbarmherzig eine Felswüste, in der nur die anspruchslosesten Macchiapflanzen überleben.

Auf Korsika nimmt man sich gern Zeit: für ein ausgedehntes Essen, die Siesta, den Pastis, das Kartenspiel am Abend in der Bar und für eine Partie Boule mit Freunden. Männern und Frauen wird ein unbeugsamer Stolz nachgesagt – im täglichen Zusammenleben wie in politischen Forderungen. Leicht ist korsischer Stolz verletzt, wenn der Fremde unbedacht Eigenart und Eigenwilligkeit der schönen Insel nicht respektiert. Bemüht er sich darum, ist er auf der *terra corsa* als Gast willkommen und kann sich seinen Inseltraum voller Entdeckungen und Kontraste, die Korsika so unverwechselbar machen, erfüllen.

Daten zur Inselgeschichte

Menhir in Filitosa

Um 6500 v. Chr. Spuren erster menschlicher Besiedlung reichen zurück bis ins Neolithikum. Die erste bekannte Inselbewohnerin ist die »Dame von Bonifacio«, deren Skelett über 8500 Jahre alt sein soll.

3500–800 v. Chr. Ausbreitung der Megalithkultur mit Menhirstatuen aus Granit. Im 2. Jahrtausend verdrängen Torreaner die Megalithiker im Süden der Insel und errichten Turmbauten (torri) aus Zyklopenmauerwerk. Von den Megalithikern werden die übermächtigen Feinde als Menhire *(paladini)* mit ihren Waffen dargestellt.

564 v. Chr. Phokäische Griechen aus Kleinasien gründen an der Ostküste Alalia als Stützpunkt für ihren Mittelmeerhandel.

259–162 v. Chr. Die Römer benutzen Korsika als strategische Basis im Krieg gegen die Punier und brauchen 100 Jahre, um die Insel zu erobern. Auf den Grundmauern von Alalia errichten sie ihre Hauptstadt Aléria. Die einheimische Bevölkerung erhebt sich in zwölf blutigen Aufständen gegen die Römer. Die Insel verliert rund die Hälfte ihrer Bevölkerung.

100–300 n. Chr. Die ersten christlichen Missionare kommen vermutlich schon um 100 n. Chr. im Gefolge der Römer auf die Insel. Ab dem 3. Jahrhundert n. Chr. gilt Korsika als weitgehend christianisiert. Es entstehen die ersten Bischofssitze: Aléria, Mariana, Nebbio, Ajaccio und Sagone.

456–725 Aléria wird von Vandalen zerstört. Nach ihnen übernehmen die Byzantiner die Herrschaft, die wiederum von den Langobarden abgelöst werden.

758 Pippin der Kurze vertreibt die Langobarden und macht Korsika dem Papst zum Geschenk.

800–900 Nordafrikanische Piraten errichten an den Küsten Korsikas Stützpunkte. Die Insel erleidet ständig Überfälle von Sarazenen. Ugo Colonna, ein Römer, kämpft für den Papst gegen die Sarazenen.

1077 Papst Gregor VII. gibt die Insel dem Bistum von Pisa zu Lehen. Damit beginnt die Herrschaft der Pisaner auf Korsika.

1284 Genua siegt in der Seeschlacht von Meloria über die ständige Rivalin Pisa und bringt Korsika damit in seinen Besitz. Beginn der genuesischen Herrschaft.

Der »Nativu« genannte Steinmann aus Patrimonio

1453 Genua verpachtet Korsika an die Bank des Heiligen Georg. Zur Sicherung der Macht gegen Feinde von außen und rebellische Korsen im Inneren werden Zitadellen in einigen Küstenstädten und Wachtürme rund um die Insel errichtet. Sie dienen als Frühwarnsystem bei Angriffen.

Papst Gregor VII. gibt Korsika dem Bistum Pisa zu Lehen

1553 Sampiero Corso besetzt Korsika mit französischen Truppen Heinrichs II. Sechs Jahre später muss Frankreich Korsika an Genua zurückgeben. Wieder flammen Rebellionen auf. Sampiero kehrt auf eigene Faust als Freiheitskämpfer zurück und erobert Teile der Insel. Nach seiner Ermordung im Jahr 1567 übernehmen die Genuesen wieder die Herrschaft.

1729 Aufstand der Korsen gegen Genua, das österreichische Truppen zu Hilfe holt. Nach dem Frieden von Corte wird Genua vertragsbrüchig und erneut flammt Widerstand auf.

1735 Eine Versammlung von korsischen Volksvertretern *(cunsulta)* erklärt die Unabhängigkeit Korsikas. Genua antwortet mit einer Seeblockade der Insel.

1736 Der westfälische Abenteurer Theodor von Neuhoff wird für kurze Zeit erster und einziger König von Korsika. Versuche Englands und Österreichs, Korsika von der Herrschaft der Genuesen zu befreien, scheitern. Frankreich unterstützt Genua.

Büste Sampiero Corsos in Vico

1755 Pasquale Paoli wird von den Korsen zum »General der Nation« gewählt und erhält den Beinamen »Vater des Vaterlands«. Unter seiner Führung formiert sich der korsische Widerstand. Den Ideen der Aufklärung verpflichtet entwickelt er das Bildungswesen und gibt Korsika viele Jahre vor der Französischen

Korsika-Karte des »Theatrum Orbis Terrarum« (1570) von Abraham Ortelius

Revolution eine demokratische Verfassung mit Gewaltenteilung und Frauenwahlrecht.

1768 Genua, durch die ständigen Kriege in Finanznöten, verkauft Korsika an Frankreich.

1769 Frankreich schickt zahlreiche Truppen, um seinen Neuerwerb mit militärischer Übermacht zu sichern. Die korsischen Milizen Paolis werden bei Ponte Novu (Ponte Nuovo) vernichtend geschlagen. Paoli flieht nach England ins Exil, Korsika wird französisch. Napoleon wird in Ajaccio geboren.

1790–96 Korsika wird englisches Vizekönigreich, Paoli kehrt zurück, muss aber bei der Rückkehr der Franzosen erneut fliehen. Er stirbt 1807 in London.

1799 Napoleon Bonaparte bindet Korsika noch enger an Frankreich. Seine Familie ist den Ideen der Französischen Revolution verpflichtet, auf Korsika vor allem unterstützt von vielen Bürgern in Ajaccio. Napoleon verwirklicht seine politischen Ambitionen über Frankreich hinaus.

1914–18 Mehr als 30 000 Korsen sterben im Ersten Weltkrieg für Frankreich.

1942 Truppen Mussolinis besetzen Korsika.

1943 Deutsche Truppen landen auf dem Rückzug von Sardinien nach Norditalien auf der Insel. Korsische Widerstandskämpfer

Napoleon Bonaparte als Erster Konsul auf einem Gemälde (um 1802) von Antoine-Jean Gros

(*macchiaghjoli*) befreien mit Unterstützung von Einheiten des »Freien Frankreich« und italienischen Überläufern die Insel als erstes Département Frankreichs.

1955–62 17500 repatriierte Franzosen aus Algerien (*pieds-noirs*) werden, ausgestattet mit großzügigen Krediten und Privilegien, an der Ostküste angesiedelt.

1975 Bei der Besetzung eines Weinguts in Aléria kommt es zur bewaffneten Konfrontation zwischen korsischen Nationalisten und der französischen Staatsmacht. Das ist der Beginn einer Spirale der Gewalt und gleichzeitig der Besinnung auf die korsische Identität und Kultur.

1976 Gründung der Nationalen Befreiungsfront FLNC (Fronte di Liberazione Naziunale Corsu).

1982 Korsika erhält einen regionalen Sonderstatus.

1989 Wochenlange Streiks und Unruhen leiten eine neue Krise ein, fast der gesamte öffentliche Dienst kommt zum Erliegen. Die nationalistische Bewegung spaltet sich in mehrere Gruppen mit unterschiedlichen politischen Programmen;

Wachtürme

Über 150 runde oder – seltener – viereckige Türme stehen an allen markanten Punkten der Küste rund um Korsika. Jene, die noch gut erhalten sind, messen zwischen 12 und 18 Meter Höhe, ihr Durchmesser beträgt 10 Meter. Sie stammen aus dem 16. und 17. Jahrhundert. Die Herren aus Genua hatten ständig gegen Überfälle von Piraten und Sarazenen, die mit ihren Schiffen übers Meer kamen, zu kämpfen. Auf den Türmen saßen Wächter, die ins Muschelhorn bliesen und Feuer entzündeten, sobald sie feindliche Schiffe entdeckten. In Windeseile setzte sich die Warnung rund um die Insel fort. Gelegentlich suchte auch die Bevölkerung bei Überfällen Schutz in den Wehrtürmen. Heute sind die meisten dabei zu verfallen, weil für die Restaurierung das Geld fehlt.

Wachtürme stehen an markanten Punkten entlang der korsischen Küste

aus der FLNC gehen z. B. der Canal historique und der Canal habituel hervor.

Plakat der Fronte di Liberazione Naziunale Corsu

1991 Ein neuer Sonderstatus räumt den Korsen mehr innere Autonomie ein. Nach dem Urteil des französischen Verfassungsgerichts gibt es kein korsisches Volk.

1993/94 Eine neue Terrorwelle läuft durch Korsika, allein im Jahr 1994 werden 39 Morde verzeichnet. Es handelt sich um Opfer der blutigen Rivalitäten zwischen nationalistischen Strömungen. Die Auseinandersetzungen betreffen allerdings weder Touristen noch touristische Einrichtungen.

1995 In der Bevölkerung, besonders unter den Frauen, wächst Widerstand gegen die Gewalt. Dies äußert sich in Aktionen wie dem »Manifest für das Leben«, das 1329 Frauen unterzeichnen.

1998 Nach der Ermordung des Präfekten durch Attentäter zeigt der französische Staat mit zahlreichen Polizeieinsätzen und Verhaftungen massive Präsenz auf der Insel. Noch immer hat Korsika weniger Autonomie als ein deutsches Bundesland.

2003 In einem Referendum stimmen die Korsen über ein neues Statut für die Insel ab, das ihr mehr Autonomie in den Bereichen Kultur, Umweltschutz, Verkehr und Tourismus gewähren würde. Das Referendum scheitert ganz knapp: 51 Prozent der Korsen wollen die enge Bindung ans Mutterland Frankreich nicht verändern.

2009 Innerhalb von nur drei Sommertagen werden durch Brandstiftung über 5000 Hektar Wald vernichtet.

2013 Zum 100. Jubiläum der Tour de France startet im Juni das wohl berühmteste Radrennen der Welt erstmals auf Korsika, in Porto-Vecchio.

2014 Die Untergrundorganisation FLNC, seit 1976 verantwortlich für zahlreiche Anschläge, legt im Interesse einer friedlichen Entwicklung Korsikas die Waffen nieder.

2015 Bei den Regionalwahlen erringt die gemeinsame Liste der Nationalisten Pè a Corsica (Für Korsika) über 35 Prozent der Stimmen und wird stärkste Kraft im Regionalparlament. Der Autonomist und Bürgermeister von Bastia, Gilles Simeoni, wird Präsident des Conseil exécutif de Corse und bekleidet damit das höchste politische Amt auf der Insel.

2016 Mit 24 von 51 Sitzen haben die Nationalisten erstmals die Mehrheit im korsischen Regionalparlament.

2018 Die 63 Abgeordneten der neu geschaffenen einheitlichen Gebietskörperschaft (CTU) nehmen ihre Arbeit auf. Bei der Wahl Ende 2017 hat ein Bündnis der Nationalisten

Die Sehnsucht der Korsen nach Autonomie ist weiterhin ungestillt

mit 56,5 Prozent die absolute Mehrheit gewonnen. Ihre drei Hauptforderungen: gleichberechtigte Anerkennung der korsischen Sprache neben dem Französischen, eine Amnestie für Gefangene, die wegen politisch motivierter Straftaten verurteilt wurden, und die Einführung eines korsischen Aufenthaltsstatus als Voraussetzung zum Immobilienerwerb im Kampf gegen Spekulation.

2019 Ein Untersuchungsbericht nennt menschliches Versagen als Ursache für die spektakuläre Kollision zweier Frachter vor Korsika. Ende 2018 hatten sich die beiden Schiffe verkeilt, 520 Kubikmeter Treibstoff waren ausgelaufen. ■

Die Fahne mit dem Mohrenkopf

Unübersehbar flattert die weiße Fahne mit dem schwarzen Kopf und dem im Nacken geknoteten Stirnband am Heck der Yachten im Hafen von Bastia. Der Mohrenkopf, *testa mora*, ist das Wahrzeichen Korsikas. Er ziert T-Shirts und Aschenbecher, Weinflaschen und Zuckerwürfel und er prangt als Aufkleber auf zahlreichen Autos. Woher er stammt und wieso er zum Symbol Korsikas wurde, ist umstritten. Möglicherweise stammt er aus der Zeit, als Korsika zum Zankapfel zwischen den Republiken Genua und Pisa wurde. Damals gab Papst Bonifatius VIII. die Insel dem König von Aragon zu Lehen. Dessen Flagge zeigte vier Mohrenköpfe, wahrscheinlich zur Erinnerung an die Kreuzzüge und den Sieg über die Mauren.

Aber trug der Maure die weiße Binde schon immer auf der Stirn oder waren ihm ursprünglich zum Zeichen der Sklaverei die Augen verbunden? Auch hier gibt es eine Legende: Korsische Patrioten glauben, Pasquale Paoli, der »Vater des Vaterlands«, habe das Tuch von den Augen bis in die Stirn dicht unter die schwarzen Locken geschoben, den Unfreien zum Freien und damit die Flagge mit dem Mohrenkopf zum Symbol des freien, unabhängigen Korsika gemacht.

Ein Rundgang durch die Bastei der Genuesen

Place Saint-Nicolas – Place de l'Hôtel de Ville – Vieux Port – Mole – Zitadelle – Vieux Port – Rue des Terrasses – Rue Saint-Jean – Rue Napoléon – Place Saint-Nicolas.

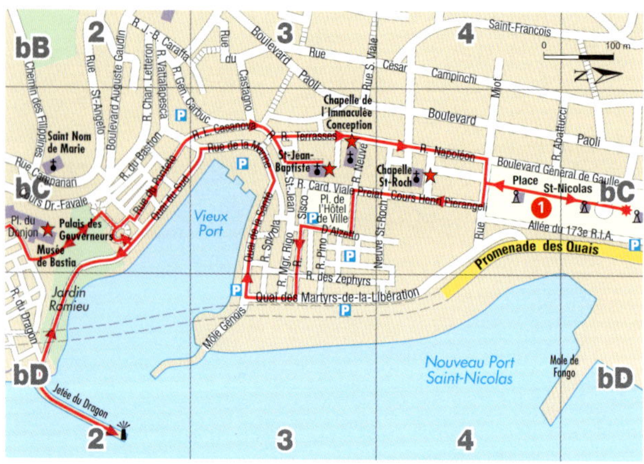

Bastia ist mit ca. 50 000 Einwohnern Sitz der Präfektur des Département Haute-Corse und lebendiges Wirtschaftszentrum im Norden mit dem wichtigsten Hafen der Insel. Im Jahr landen im Port de Commerce 2700 Schiffe mit über zwei Millionen Passagieren und 27 Millionen Tonnen Fracht. Für viele Urlauber ist Bastia mit seiner sehenswerten Altstadt Drehscheibe und Tor zu Korsika. Ihren Namen verdankt die Stadt den Genuesen, die 1372 das ehemalige Fischerdorf Cardo mit einer Zitadelle befestigten und von dieser Bastei *(bastiglia)* aus versuchten die Insel zu beherrschen.

Die Zitadelle der Genuesen wacht über den Hafen von Bastia

Napoleon mit den Insignien eines römischen Kaisers auf dem Place Saint-Nicolas in Bastia

Ein Parkhaus mit Parkplatz findet man am ① **Place Saint-Nicolas** ➡ bC4/5, dem Zentrum des Bastienser Lebens. Mit ca. 800 Meter Länge gilt der Place Saint-Nicolas als der größte Platz Frankreichs. Ein dunkelgrüner Pavillon an der Nordseite beherbergt das **Office de Tourisme** ➡ bC5, nur wenige Meter entfernt erinnert der **Kommandoturm des U-Boots Casabianca** an den Widerstand der Korsen gegen die deutsche und italienische Besatzung im Zweiten Weltkrieg: Das Boot brachte 1943 heimlich die ersten Waffen an Land. Heute versuchen auf diesem Platz Großmütter ihre Enkel zu bändigen, Steinchen spritzen im Schatten der Palmen und Platanen unter den eisernen Kugeln der Boulespieler. Die korsische Mutter und ihr Sohn hoch oben auf dem Kriegerdenkmal sind allerdings ein weiteres Zeugnis dafür, dass es am Hafen von Bastia nicht immer nur um Boulekugeln ging. Napoleon zum Beispiel, in der Römertoga am Südende des Platzes verewigt, schickte eine ganze Generation seiner Landsleute übers Meer in seine Kriege um die Vorherrschaft in Europa. Der Boulevard an der Westseite trägt trotzdem den Namen des Generals. Auf dem Platz trifft sich ganz Bastia in den Korbstühlen der Cafés. Von dort ist es nicht weit zum **Place de l'Hôtel de Ville** ➡ bC3, wo samstags und sonntags Markt gehalten wird. Was hier auf Tischen und an den Ständen liegt, baumelt, sich stapelt und duftet, ist der Stoff, aus dem die kulinarischen Inselträume gemacht sind.

Der **Alte Hafen**, der **Vieux Port** ➡ bC/bD2/3, liegt ganz in der Nähe. Man muss nur durch eine der kleinen dunklen Gassen mit der ewig tropfenden Wäsche Richtung Meer und dann rechts auf die Promenade am Quai des Martyrs-de-la-Libération gehen und schon steht man vor den Fischerbooten, die im Morgengrauen all die Seeteufel und Taschenkrebse an Land gebracht haben. Um den Hafen herum gelangt man zur Spitze der gegenüberliegenden Mole, der **Jetée du Dragon** ➡ bD2 mit ihrem Leuchtturm. Im Sommer werden die Straßen rund um den Hafen am Abend zur Fußgängerzone und sind für Autos gesperrt.

Danach geht es vom Quai du Sud über die Doppeltreppe durch den schattigen **Jardin Romieu** ➡ bD/bC2 mit seinen alten Bäumen und Malerwinkeln hinauf zur **Zitadelle** (La Citadelle) ➡ bD1. Auf dem beherrschenden Fels und hinter den dicken Mauern fühlte sich der damalige genuesische Gouverneur sicherer als an seinem ursprünglichen Sitz in Biguglia in der Ostküstenebene: Dort wurde ihm seine Residenz mehrfach niedergebrannt. Was er 1378 bauen ließ und was seine Nachfolger 1530 vollendeten, erhebt sich wuchtig und trotzig über der Stadt, mit Ausblicken von den Wehrgängen auf die Altstadt mit ihren Kirchtürmen, auf die bunten Boote im Alten Hafen und den Reigen der Fähren.

Der Weg führt vorbei am französischen **Palais des Gouverneurs** ➡ bC2 – lange Symbol für die Unterdrückung der Korsen durch Genua. Nicht ganz so weit zurück liegt die Zeit, die im **Musée de Bastia** im Gouverneurspalast dokumentiert wird. Das Museum bietet einen guten Überblick über die Stadtgeschichte.

Derzeit wird das Stadtviertel zwischen Zitadelle und Altem Hafen gründlich renoviert, kein einfaches Unterfangen, weil die alten Häuser bedingt durch das korsische Erbrecht häufig 60 und mehr Besitzer haben, die oft nur schwer ausfindig zu machen sind. So findet man halb verfallene Gemäuer neben frisch restaurierten. Manchmal tut man dabei des Guten etwas zu viel, beispielsweise wenn der Gouverneurspalast in grellem Orange und die Kirche **Sainte-Marie** ➡ bD1 in der Rue Notre-Dame im lichten Gelb leuchten, als seien beide gerade erst erbaut worden. Dabei stammt die Kathedrale des Erzbistums Mariana aus dem Jahr 1570.

Der Alte Hafen mit Blick auf die Doppeltürme der Saint-Jean-Baptiste

Auf der Place de l'Hôtel-de-Ville in Bastia können Sie korsische Spezialitäten kaufen

Die dreischiffige Barockkirche ist reich mit Gold und Marmor ausgestattet. Hinter Glas schimmert auf der rechten Seite die »Himmelfahrt der heiligen Jungfrau« aus getriebenem Silber. Sie ist ein Werk des Künstlers Gaetano Macchi aus Siena, entstand aber wohl in einer Schmiedewerkstatt in der Rue des Terrasses in der *terra vecchia*. Die »Verkündigung« über dem Altar stammt aus der romanisch-pisanischen Kathedrale La Canonica von Mariana, andere Gemälde aus der Sammlung des Kardinal Fesch. Berühmt ist die Orgel der Brüder Serassi aus Bergamo.

Ungewöhnlich und wohl bedingt durch den Raummangel auf dem gedrängt mit Häusern und Befestigungsanlagen bebauten Felsen ist der Eingang zur **Chapelle Sainte-Croix** ➡ bD1 auf der Rückseite der ehemaligen Kathedrale: Ein gewöhnlicher Hauseingang führt in einen Innenhof. Umso mehr überrascht die verschwenderische Pracht des Inneren der Kapelle im barocken Goldschmuck zu Ehren des Holzkreuzes in einer Seitenkapelle. Es heißt, dass Fischer den wundertätigen Jesus, Christ des miracles, 1428 umgeben von seltsamem Lichtschein auf dem Meer treibend gefunden haben.

Wieder abwärts auf dem Weg in das heutige Zentrum geht es zu einem der Wahrzeichen der Altstadt: Mit den beiden Doppeltürmen der Kirche **Saint-Jean-Baptiste** ➡ bC3 aus der zweiten Hälfte des 17. Jahrhunderts ist den Bastiensern aus dieser Zeit das Wahrzeichen der Stadt geblieben. Der Besuch der Barockkirche in der Rue Saint-Jean lohnt vor allem wegen ihrer polychromen Marmorarbeiten und der Gemälde aus italienischen Schulen. Über die Rue des Terrasses gelangt man zur **Chapelle de l'Immaculée Conception** ➡ bC3, die mit ihrem sehenswerten genuesischen Wandteppich und einem Murillo zugeschriebenen Altargemälde noch von der Zeit träumt, als die Herren der *terra nova* zur Prozession am 8. Dezember hinabstiegen. Ganz in der Nähe lohnt sich ein Besuch in der **Chapelle Saint-Roch** ➡ bC4 aus dem 16. Jahrhundert mit prächtiger Wandbespannung aus Damast, einer Prozessionsfigur des Pestheiligen St. Rochus und einem Marmoraltar aus dem 17. Jahrhundert. Die Fassade mit dem Portal wurde erst im 19. Jahrhundert hinzugefügt. Über die neu gestaltete Fußgängerzone mit schicken Boutiquen kehrt man zurück zum Place Saint-Nicolas.

Service-Informationen Bastia

Tourist Information/Office de Tourisme ➡ bC5
Place Saint-Nicolas (im Pavillon an der Nordseite des Platzes)
20200 Bastia
✆ 04 95 54 20 40
www.bastia-tourisme.com
Im Sommer Mo–Sa 8–20, So 9–12 und 16–19, im Winter Mo–Fr 8–12 und 14–18, Sa 9–12 Uhr

Die **Stadtführung »Les Légendines«** (Geheimnisse und Legenden; auf Französisch) widmet sich geschichtsträchtigen und magischen Orten der Stadt. Den Abschluss bildet ein polyphones Konzert. Los geht es jeden Dienstag um 16.30 Uhr am Office de Tourisme, hier gibt es auch die Tickets (€ 20, unter 12 J. frei).

Eine einstündige **Stadtrundfahrt im offenen Bus** führt zu allen Sehenswürdigkeiten Bastias und zum malerischen Dorf Cardo mit grandiosem Ausblick. Abfahrt ist am Office de Tourisme, das auch die Karten verkauft (€ 10/5).

Le petit train ➡ bC4/5
Bastia, ✆ 04 95 31 61 16
www.lepetittrainbastia.corsica
Juni–Sept. tägl. 9–12 und 14–18 Uhr, April–Juni nach Anmeldung im Office de Tourisme
Fahrpreis € 7,50/3 (3–12 J.)
50 Minuten Stadtrundfahrt mit der kleinen Bahn bis zur Zitadelle, Start stündlich gegenüber vom Office de Tourisme.

Musée de Bastia ➡ bC2
Place du Donjon (Zitadelle)
Bastia
✆ 04 95 31 09 12
www.musee-bastia.com
Juni–Sept. tägl. außer Mo 10–18.30, Juli/Aug. auch Mo, Okt.–April Di–Sa 9–12 und 14–17 Uhr
Eintritt € 5/2,50, bis 10 J. frei, nur Garten € 1, Nov.–April frei
Die Ausstellung dokumentiert die Stadtgeschichte von Bastia. Schöner Ausblick vom Museumsgarten auf Altstadt und Hafen. Kostenloser Transfer *(navette)* vom Bahnhof zur Zitadelle.

Museé du Parfum Cyrnarom ➡ östl. bC5
29, av. Emile Sari, Bastia
✆ 04 95 31 39 30
Mo–Fr im Sommer 10–12 und 15.30–19.30, im Winter 10–12 und 15–19 Uhr, Eintritt frei

Morgens, bevor die Geschäfte öffnen, geht es in der Altstadt von Bastia eher ruhig zu

Parfumeur Guy Cecchini erklärt und demonstriert alles vom Stammbaum der Düfte bis zu Destillation und Abfüllung.

Chapelle de l'Immaculée Conception ➡ bC3
Rue Napoléoni, Bastia
Geöffnet während der Gottesdienstzeiten, Eintritt frei
Barockkapelle von 1611; kleines Museum sakraler Gegenstände (Eingang links hinter dem Altar).

Chapelle Sainte-Croix ➡ bD1
Auf der Rückseite von Sainte-Marie Bastia
Tägl. außer Mo Juni/Juli 9–12 und 15–19, sonst 9–12 und 14–17 Uhr
Eintritt frei
Heitere Barockkapelle, reich und üppig ausgestattet; Prozession am 3. Mai.

Chapelle Saint-Roch ➡ bC4
Rue Napoléoni, Bastia
Täg. 8–19 Uhr, So nachmittags geschl., Eintritt frei
Kapelle aus dem 16. Jh., Oratorium der Bruderschaft des heiligen Rochus, der als Pestheiliger verehrt wird. Prozessionsfiguren, prächtig mit Damast bespannte Wände, Marmoraltar aus dem 17. Jh. Die Fassade und das Portal stammen aus dem 19. Jh.

Sainte-Marie ➡ bD1
Rue Notre-Dame (Zitadelle)i
Bastia
Tägl. 8–19 Uhr, So nachmittags geschl., Eintritt frei
Reiche Ausstattung, u. a. eine silbergetriebene Madonna aus dem 18. Jh.; Prozession am 15. Aug.

Saint-Jean-Baptiste ➡ bC3
Rue Saint-Jean
Tägl. 8–19 Uhr
Eintritt frei
Dunkle Barockkirche (1666) mit wertvollen Gemälden italienischer Schulen.

Die Kathedrale Santa Maria Assunta mit den Ausgrabungen der römischen Siedlung Mariana

A Casarella ➡ bD2
Zitadelle, 6, rue Sainte-Croixi
Bastia
✆ 04 95 32 02 32
So geschl.
Jose Rocchi kombiniert rustikale korsische Küche mit eigenen Ideen. €€–€€€

La Citadelle ➡ bD2
6, rue du Dragoni, Bastia
✆ 04 95 31 44 70
So abends und Mo geschl.
Stilvoll restaurierte Räume einer alten Ölpresse in der Zitadelle. Speisekarte mit Spezialitäten der Jahreszeit. €€–€€€

La Table du Marché ➡ bC3
Place de l'Hôtel de Villei, Bastia
✆ 04 95 31 64 25
So geschl.
Was der Markt bietet, kommt hier frisch auf den Tisch. €€–€€€

Chez Vincent ➡ bD2
Zitadelle, 12, rue Saint-Michel
✆ 04 95 31 62 50
Sa mittags und So geschl.
Muscheln, Pizza, Steak auf der Steinplatte. Von der Terrasse fantastischer Ausblick auf den alten Hafen. €€

Le Palais des Glaces ➡ bC5
Place Saint-Nicolas, 13, bd. du Général-de-Gaullei, Bastia
Tägl. 7–2 Uhr

Ob bei Kaffee und Croissant oder bei einem Eisbecher – hier kann man ganz Bastia vorbeiflanieren sehen. €–€€

Markt (Marché) ➡ bC3
Place de l'Hôtel de Villei, Bastia
Sa/So 8–12 Uhr
Gemüse, Fisch, Wild, Käse und korsische Spezialitäten.

Ausflugsziele:

Mariana ➡ E7
20 km südlich von Bastia liegen inmitten von Feldern die **Ausgrabungen** der römischen Siedlung Mariana. Zu sehen sind Mauerreste, auch die Grundmauern, einer frühchristlichen Kirche aus dem 4. Jh., die im 5. bis 10. Jh. nach und nach erneuert wurde. Stufen führen hinab zum Mosaikfußboden des ehemaligen Baptisteriums.

Daneben liegt die **Cathédrale Santa Maria Assunta/La Canonica**. Sie wurde im 12. Jh. im romanisch-pisanischen Stil errichtet und ist berühmt für ihr polychromes Mauerwerk, die harmonischen Proportionen und den Fries über dem Haupteingang.

Die Korsen und die Jagd

Wenn die stacheligen Hüllen der Esskastanien aufplatzen und die braunen Früchte prasselnd in den üppig wuchernden Farn fallen, wird es in Macchia und Kastanienwäldern gefährlich – nicht nur für die **Wildschweine**. Unverhofft kracht da im Unterholz neben dem ahnungslosen Wanderer ein Schuss oder er sieht sich von einer Meute heulender Jagdhunde umstellt, die sich von seinen Spuren verwirren ließen, anstatt die Wildschweine aufzuspüren.

Kaum ein Korse, der nicht zumindest am Sonntag sein *fucile*, das Gewehr, hinter der Tür hervorholt, um an dem beliebten gesellschaftlichen Spektakel der Männerwelt teilzunehmen. *Cignale* – Wildschwein – heißt das Zauberwort des Herbstes. Das Wochenende gehört der Jagd, oft auch der Mittwoch, und obwohl das Gesetz den Verfolgten zwei Tage in der Woche Ruhe gönnt, wird es oft genug heimlich übertreten.

Die Frauen kennen das und quittieren die Beute mit einem unergründlichen Lächeln. Die Jagd? Das ist eben ein Spiel, ein männliches Vergnügen, dem sie selbst nichts abgewinnen können, auch wenn ihnen offiziell niemand die Teilnahme verwehren würde – ein bisschen kindisch, na ja, aber die Männer brauchen das halt, und wer wollte ihnen diesen Spaß verwehren.

Weniger nachsichtig und verständnisvoll reagieren **Naturschützer** auf die jährlich ausbrechende Jagdwut. Sie haben es schwer sich im Schusshagel und Gewehrknallen zur Herbst- und Winterzeit überhaupt Gehör zu verschaffen, doch ihre Warnungen sind deshalb nicht weniger eindringlich. Zwar vermehren sich die Wildschweine bei dem üppigen Nahrungsangebot in den Kastanienhainen schnell, doch es gibt zu denken, dass sie abgesehen von Vögeln so ungefähr das einzige Jagdwild sind, das es in Korsikas Wäldern überhaupt noch gibt. Die **Hirsche** galten als ausgerottet, dann versuchte man sie mühsam von Sardinien aus, wo noch ein Rudel die mediterrane Jagdwut überlebt hatte, wieder heimisch zu machen. Mit Erfolg, wie eine Wildzählung ergab.

Vom **Mufflon**, der *muvra*, einst überall auf der gebirgigen Insel heimisch, gibt es nur noch ein paar streng geschützte Exemplare in

Weitere Ausgrabungen und ein Museum sind geplant. Tafeln am Eingang zu den Ausgrabungen informieren über die Pläne.

Dörfer der Casinca ➡ E7
25 km südlich von Bastia zweigt die D 237 in Torra rechts ab. Sie führt in die Dörfer der Casinca, die sich wie Balkone auf Bergrücken über der Ostküstenebene erheben: **Vescovato**, 1270 bis 1570 Bischofssitz, **Venzolasca** und schließlich 700 m hoch **Loreto-di-Casinca**, wo sich die alten Häuser um einen Felsen scharen. Vom Belvedere bietet sich ein atemberaubender Blick auf Bastia und die Ostküste.

U Rataghju ➡ E7
Im unteren Dorf, Loreto di Casinca
✆ 04 95 36 30 66
Ganzjährig geöffnet, nur mit Voranmeldung
Einmalige Atmosphäre in den geschwärzten Mauern einer alten Kastanienrösterei, herzlicher Empfang und ein üppiges Menü aus echten korsischen Gerichten. Patron Pierre Albertini geht für die Wildschwein-Lasagne selbst auf die Jagd. €€

Reservaten. Und auch von den **Tauben**, die Korsika als Winterquartier bevorzugen, sind im Frühling nicht mehr viele übrig, weil sie überall, selbst in den Gärten der Dörfer, beschossen werden. Still ist es in den Wäldern.

Aber wer von den 20 000 lizenzierten und ungezählten »inoffiziellen« Jägern will das schon hören, wenn im Herbst die Jagdzeit beginnt? »Ihr macht Urlaub!«, hält Charles, der Bauer, der den ganzen heißen Sommer auf seinen Gemüsefeldern in der sonnendurchglühten Ostküste geackert hat, den kritischen Nordeuropäern entgegen. »Wir haben statt dessen die Jagd.«

Halbwilde Schweine bevölkern die Wälder am Monte Petrone

Reiseregionen, Orte und Sehenswürdigkeiten

Der Norden

Wie ein Finger weist die 40 Kilometer lange und nur 15 Kilometer breite Halbinsel **Cap Corse** *(Capicorsu)* nach Norden zum französischen und italienischen Festland, das die Insulaner schlicht den »Kontinent« nennen. Mit der sanften Ostküste, der zerklüfteten Westküste und dem um die 1000 Meter hohen gebirgigen Rückgrat gilt das Cap als Miniaturabbild der Insel.

Heute wachsen die **Vororte von Bastia** weit nach Norden, mit schicken schiefergedeckten Villen, umgeben von blühenden Gärten. Der Süßwein Muscat vom Cap gilt als der beste von Korsika. Prächtige Kirchen und Mausoleen zeugen vom einstigen Wohlstand der Cap-Korsen. Die zahlreichen Wachtürme aus der Genuesenzeit sollten die Küsten vor Überfällen von Invasoren und Piraten schützen.

Das Cap, dem Meer stärker zugewandt als der größere Teil der Insel, war traditionell auch die Heimat von Fischern und Seefahrern. Eine Rundfahrt führt in den heiteren Badeort Saint-Florent.

Centuri-Port ➡ A6

Hier drängen sich farbenfroh getünchte Häuser um den malerischen Hafen, Muränenkörbe werden aufgestapelt, Fischer fahren aus, Urlauber bevölkern die Restaurants. Im Sommer herrscht quirliges Leben in der ganz unkorsisch bunten Marina, die sich dem Tourismus geöffnet hat, ohne bisher dabei ihr Gesicht zu verlieren.

Le Vieux-Moulin ➡ A6
Centuri-Port
✆ 04 95 35 60 15
www.levieuxmoulin.net
Mitte März–Okt.
Stilvoll mit Kamin, Gewehren und Bildern; Terrasse unter Salzbäumen. €€–€€€

A Macciotta ➡ A6
Centuri-Port
✆ 04 95 35 64 12
März–Okt.

Eine der letzten Windmühlen auf dem Cap Corse: Moulin Mattei

Seneca und sein Turm (Tour de Sénèque)

Acht Jahre verbrachte Seneca in der korsischen Verbannung

Im Jahr 41 n. Chr. verbannte der römische Kaiser Claudius den Philosophen und Senator Seneca nach Korsika. Angeblich soll Seneca einem kaiserlichen Familienmitglied nachgestiegen sein. Auf Korsika soll er in einem Turm in der Nähe von **Centuri** gelebt haben. Gefallen hat es ihm dort nicht: Seine Schilderungen der Insel sind äußerst abschreckend. Er beschreibt sie als ödes Felseneiland, bevölkert vor allem von Ziegen und barbarischen Hirten.

Seine vernichtende Kritik mag allerdings eine andere Ursache haben: Auch an seinem Verbannungsort soll er einer jungen Frau nachgestellt haben. Ihr Vater, so die Legende, habe daher wutentbrannt das Hinterteil des Philosophen mit Brennnesseln bearbeitet.

Ob das stimmt, weiß heute niemand mehr – jedenfalls wächst auf dem Cap Corse eine Brennnesselart mit dem botanischen Namen *Urtica seneca*.

Fisch, köstliche Fischsuppe. Wer will, kann mit dem Patron selbst Langusten fischen, die anschließend zubereitet werden. €€

Erbalunga ➡ C7

Mit seinen verwinkelten Gassen, dem kleinen Hafen und dem verfallenen Wachturm der Genuesen erinnert das Fischerdorf an ein Piratennest. In der Karwoche wird hier noch die *granitula* abgeschritten. Während der traditionellen **Prozession La Granitula**, die ihren Namen von einer kleinen Meeresschnecke herleitet und noch aus vorchristlicher Zeit stammt, bilden die Teilnehmer eine Figur, die sich dreimal entrollt und wieder zusammenzieht – Symbol für die alljährliche Erneuerung des Lebens im Frühling. Der Pfarrer ist bei dem Ritus anwesend, nimmt aber selbst nicht teil. Ähnlich wie die Granitula verläuft eine andere vorösterliche Prozession, die *cerca*.

Lavasina ➡ C7

Die Wallfahrtskirche **Notre-Dame-des-Grâces** aus dem 17. Jahrhundert birgt ein Altargemälde der Madonna von Lavasina, das der Schule des Italieners Perugino (Anfang 16. Jh.) zugeschrieben wird. Votivtafeln, Fotos und kleine Geschenke in einer Nische links vom Eingang zeugen vom Dank der Geretteten. Alljährlich am 8. September findet eine Wallfahrt statt.

Der Genuesenwachturm in Erbalunga

Macinaggio ➡ A7
Heute ein quirliger Yachthafen, früher der wichtigste Hafen im Norden der Insel. Pasquale Paoli ließ 1767 von hier seine Flotte auslaufen, um die Insel Capraia von den Genuesen zurückzuerobern. 1790 landete er hier, als er aus dem Exil in England nach Korsika zurückkehren durfte. Drei Jahre später kam Napoleon hier an, zu dieser Zeit noch ein zwar ehrgeiziger, aber weitgehend unbekannter junger Mann, um nach seiner militärischen Ausbildung auf dem »Kontinent« auf seiner Heimatinsel Fuß zu fassen.

Trotzdem heißt die D 53, die nach Rogliano führt, nicht »Weg des Kaisers«, sondern »Weg der Kaiserin« (Chemin de l'Impératrice): Kaiserin Eugènie war nämlich schon in Amt und Würden, als sie nach der Einweihung des Suezkanals 1869 auf Korsika einen Zwischenstopp machte. Rund um Macinaggio und Rogliano, das ehemalige römische Pavus Aurelianus, wachsen die edlen Malvasier- und Muskatellerreben.

Maison Bellini ➡ A7
Am Ende des Hafens
Macinaggio
✆ 04 95 35 40 37
März–Okt.
Seit drei Generationen serviert die Familie fangfrischen Fisch. €€

Clos Nicrosi ➡ A7
Rogliano (im Oberdorf)
Macinaggio
✆ 04 95 35 41 17
www.clos-nicrosi.fr
Juni–Aug. tägl. außer So 10–12 und 16–19 Uhr
Hier erhält man den ausgezeichneten trockenen Weißwein vom Cap Corse.

Le sentier des douaniers ➡ A7
Leichte Wanderung (ca. 8 Std.) von Macinaggio über Barcaggio nach Centuri auf den Pfaden der Zöllner und Schmuggler durch die Macchia vorbei an Sandstränden und Genuesentürmen. Start am Strand von Tamarone, dann den Schildern und Markierungen folgen.

Chemin de Lumière ➡ A7
12 km langer Wanderweg (ca. 6 Std.) von Pietracorbara nach Barretali. Quer über das Cap Corse, vorbei an zehn Kapellen mit gran-

Hauptmann Casella

Hauptmann Casella war 1768, als Genua die zahllosen blutigen Kriege gegen das kleine Korsika nicht mehr finanzieren konnte und die Insel an Frankreich verkaufte, ein Getreuer Paolis. Als die Franzosen das Cap schon erobert hatten, verschanzte er sich mit Milizen im Turm von Nonza, fest entschlossen sich und seine Leute eher in die Luft zu sprengen, als sich zu ergeben. Den anderen gefielen diese trüben Aussichten nicht, deshalb schlichen sie nachts heimlich davon und ließen Casella mit den Gewehren und einer Kanone allein.

Als die Franzosen anrückten, feuerte er gleichzeitig aus allen Scharten, bis ihm die Munition auszugehen begann. Die Franzosen mussten annehmen, dass der Turm von einer starken, entschlossenen Mannschaft besetzt war und boten freies Geleit mit Waffen und Bagage an, wenn sich die Freiheitskämpfer ergäben. Es kam aber nur einer: der alte Casella, der keine andere Wahl hatte, als auf das Angebot einzugehen. Stolz trug er seine Pistolen, seinen Degen und die Flinte. Auf die Franzosen machte seine Tapferkeit so tiefen Eindruck, dass sie nicht nur seine Bedingungen erfüllten, sondern ihn sogar mit einer Ehrenwache in Paolis Hauptquartier sandten.

Das mondäne Örtchen Saint-Florent wird häufig auch »das kleine Saint-Tropez« genannt

diosen Ausblicken. Juni–Sept. Führung möglich (✆ 06 14 30 30 66, chemindelumiere-capcorse.net).

Nonza ➡ C6

Das Dorf mit seinen hellen Häusern thront hoch oben auf einem Felsen über einem langen, schwarzen Strand. Vor dem Baden wird allerdings gewarnt, denn der Sand stammt vom benachbarten Asbestabbau in Canari. Trotzdem lohnt es sich den Pfad am Dorfeingang durch Gärten, denen eine Doppelquelle Leben spendet, hinunterzugehen. Hier sollen römische Soldaten eine junge Christin zu Tode gemartert haben – und aus den abgeschlagenen Brüsten der heiligen Julie entsprangen die wundertätigen Quellen.

Der Heiligen ist auch die Dorfkirche **Sainte-Julie** aus dem 16. Jahrhundert geweiht. Eine marmorne Intarsienarbeit über dem Barockaltar zeigt die Märtyrerin, die in Wirklichkeit im Jahr 303 n. Chr. unter Kaiser Diokletian für ihren Glauben den Kreuzestod erlitt. Nach Nonza verlagerten wohl Missionare ihren Tod, um den heidnischen Korsen den neuen Glauben mit einer Legende schmackhaft zu machen.

Saint-Florent ➡ D6

Ein hübsches Städtchen mit Fischer- und Yachthafen und auch die **Zitadelle** aus dem 15. Jahrhundert ähnelt so gar nicht einem finsteren militärischen Bollwerk. Sie war der Sitz des genuesischen Gouverneurs der Provinz. Die eigentliche Stadt lag ursprünglich weiter landeinwärts, wo es trockener und das Klima gesünder war: dort, wo die Kirche **Santa Maria Assunta** einsam zwischen Gemüsegärten und Feldern steht. Sie ist allein übrig geblieben, als die Sarazenen im 13. Jahrhundert die Hauptstadt des Nebbio überfielen und zerstörten.

Die ehemalige Kathedrale des Bistums ist eines der wichtigsten romanischen Baudenkmäler der Insel. Sie entstand im zweiten Viertel des 12. Jahrhunderts – in der kurzen Periode der Pisaner-Herrschaft über Korsika – aus wei-

ßen, feinkörnigen Kalkquadern, die Fassade schmücken Blendarkaden und vielfältige Skulpturen. Besonders schön sind das Schlangenpaar und der Löwe zu beiden Seiten des Eingangs.

Auch im dreischiffigen Inneren tragen die Kapitelle Skulpturenschmuck: Löwe, Muscheln, Schlangen, Widderkopf und Knospen. Eine Holzfigur in der halbkreisförmigen Apsis stellt den heiligen Florus, den Schutzpatron der Stadt, zu Lebzeiten dar. Er war römischer Soldat und wurde im 3. Jahrhundert wegen seines christlichen Glaubens zu Tode gemartert. Leibhaftig liegen seine Überreste in einer Rüstung im gläsernen Reliquienschrein im südlichen Seitenschiff der Kirche. Im Jahr 1771 wurden die Reliquien auf Anordnung von Papst Clemens IV. aus den römischen Katakomben nach Saint-Florent gebracht. Über sie wacht eine Jungfrau mit Kind aus Elfenbein von 1691.

Tourist Information/ Office de Tourisme ➡ D6
19, Punta (neben der Post)
20217 Saint-Florent
✆ 04 95 37 06 04
www.corsica-saintflorent.com
Juni–Aug. tägl. außer So 9–19, sonst Mo–Fr 9–12 und 14–17, Sa 9–12 Uhr

Die Zitadelle von Saint-Florent

Santa Maria Assunta ➡ D6
An der D 238, am nördl. Ortsende von Saint-Florent
Neben der Kirche La Canonica in Mariana ist die ehemalige Kathedrale des Nebbio (12. Jh.) das bedeutendste romanische Baudenkmal Korsikas. Im Sommer auch regelmäßig Führungen. Informationen erhält man in der Tourist Information, die auch Audioguides zur Verfügung stellt.

Zitadelle ➡ D6
Zugang vom Place Doria
Saint-Florent
Erbaut von den Genusen 1439. Im Sommer oft Konzerte. Die Zitadelle ist nur von außen zu besichtigen.

La Gaffe ➡ D6
Am Yachthafen, Saint-Florent
✆ 04 95 37 00 12
www.restaurant-saint-florent.com
März–Okt., Mo geschl., mittags nur in der Hochsaison
Fischgerichte mit Blick auf das Kommen und Gehen am Yachthafen, auch Sushi. €€–€€€

Ind'è Lucia ➡ D6
Place Doria, Saint-Florent
✆ 04 95 37 04 15
April–Sept.
Familiäre, korsische Küche. €€

Bar de l'Europe ➡ D6
Am Yachthafen, Saint-Florent
Ganzjährig geöffnet
Unter Platanen hat man von den Boulespielern bis zur flanierenden Schickeria alles im Blick.

La Gelateria ➡ D6
1, rue du Furnellu
Saint-Florent
Mai–Sept.
Viele verschiedene Eissorten, auch korsische mit Brocciu- und Myrtengeschmack.

La Conca d´Oro ➡ D6/7
Oletta, 8 km von Saint-Florent
✆ 04 95 39 00 46

Heiteres Farbenspiel in grünem Serpentin und weißem Kalkstein: die Kirche San Michele bei Murato

Angesagte Diskothek, teils unter freiem Himmel.

La Vista ➡ D6
Rue du Furnellu
Saint-Florent
Bistro und Bar im urigen Gewölbekeller.

Altore (Adventure Sports Corsica) ➡ D6
Am Strand von la Roya
Saint-Florent
✆ 04 95 37 19 30
www.altore.com
Im Angebot: Kanu, Kayak, Drachenfliegen.

Bootsverleih Dominique Plaisance ➡ D6
Lot. St-Flor, Saint-Florent
✆ 04 95 37 07 08
www.dominiqueplaisance.fr
Vermietung von Motorbooten mit und ohne Bootsführerschein.

Dauphin Club ➡ D6
Port de Plaisance, Saint-Florent
✆ 06 14 62 84 46
www.plongee-saint-florent.com
Tauchschule für Kinder (ab 8 J.) und Erwachsene.

Ausflugsziele:

Le Popeye ➡ C5/6
Ticketschalter und Abfahrt an der Mole links vom Parkplatz
Saint-Florent
✆ 06 62 16 23 76
www.lepopeye.com
April–Sept. mehrmals tägl.
Fahrt Loto hin und zurück € 16/10, Juli/Aug. € 20/12, Saleccia € 25/18, Juli/Aug. € 30
Bootsfahrten zum Strand von Loto und zum Strand von Saleccia, auch in Kombination.

Murato ➡ D6
Weithin sichtbar vor dem Dorf liegt auf einem Hügel die grünweiße pisanische Kirche **San Michele** aus dem 12. Jahrhundert, ein Kleinod an Heiterkeit und Anmut. Quader aus grünem Ser-

pentin aus dem Flussbett des Bevinco bilden mit weißen Kalksteinquadern ein abwechslungsreiches Muster. Steinmetze ließen bei der Fassadengestaltung fantasievolle Figuren und Ornamente entstehen.

Patrimonio ➡ C6/7
Die Weine von Patrimonio erhielten als erste der korsischen Weine die Auszeichnung A.O.C. *(Appellation d'Origine Contrôlée)*, die für Qualität und ausgesuchte Lagen bürgt. Das ganze Dorf, das sich zwischen Olivenbäumen und Gärten weit den Hang hinaufzieht, wird vom Weinbau geprägt – vor den Häusern stehen alte Pressen und gewaltige Holzfässer, schamhaft dahinter im Grünen die neuen Edelstahltanks, die auch hier die Holzfässer abgelöst haben. Fast jedes Weingut wartet mit einer Probierstube auf.

Alles hat in Patrimonio mit dem Wein zu tun, sogar die über zwei Meter hohe **Menhir-Statue**, die unter einem Dach in einer kleinen Grünanlage aufgestellt ist. Man erreicht sie über eine Seitenstraße, die mitten im Dorf links abzweigt und weiter zur Kirche führt. Das Hinweisschild ist leicht zu übersehen. Der *Nativu*, wie die Korsen den Steinmann mit Ohren, Kinn und deutlich markierten Schultern nennen, ist ungefähr 3000 Jahre alt und der einzige seiner Art aus Kalkstein. Er wurde 1964 gefunden – natürlich beim Pflügen eines Weinfeldes.

Schon im 14. Jahrhundert erkannten die Genuesen auf Korsika die idealen Bedingungen für den Weinanbau

Clos de Marfisi ➡ C6/7
Im Unterdorf an der D81
Patrimonio
✆ 04 95 37 01 16
Probierstube mit alten Weinpressen.

Clos Santini ➡ C6/7
Im Unterdorf
Lieu dit Morta Majo
Patrimonio
✆ 04 95 00 92
www.clossantini.com
Biowein aus handgelesenen Trauben, durch eine Glasscheibe kann man einen Blick in die Kelteranlage werfen.

Orenga de Gaffory ➡ C6/7
Im Unterdorf
Lieu dit Morta Majo
Patrimonio
✆ 04 95 37 45 00
www.orengadegaffory.com
Bekannter Wein aus Patrimonio, serviert in einer originellen, künstlerisch gestalteten Probierstube.

Vignoble Lazzarini ➡ C6/7
Auf halber Höhe im Dorf Patrimonio
✆ 04 95 37 13 17
www.domainelazzarini.com
Würziger Roséwein, Rotwein und preisgekrönter Muscat. Eine Verkaufsstelle mit Weinprobe gibt es auch in der Altstadt von Saint-Florent (✆ 04 95 37 18 61).

Das Musée Jérôme Carcopino im Fort de Matra in Aléria zeigt die Geschichte der Stadt

Die Ostküste

So lang wie die Ebene im Osten Korsikas, so lang sind auch die feinen, kinderfreundlichen **Sandstrände** zwischen Bastia im Norden und Solenzara im Süden. Die Wassertemperaturen liegen durchweg höher als an der Westküste. Überall führen zwischen Orangenhainen, Pfirsichbäumen und Weinfeldern Stichstraßen zum Meer. Im Durchschnitt 15 Kilometer breit ist die einzige größere fruchtbare Ebene der Insel.

Die Küste ist geschichtsträchtig. Hier siedelten Griechen und später Römer, bauten Städte wie Aléria, deren Ruinen zu besichtigen sind. Schon die Römer wussten die Meeresfrüchte aus den Lagunen zu schätzen.

Die größte Lagune, der **Étang de Biguglia**, ist ein Vogelschutzgebiet und Rastplatz für Zugvögel aus Nordeuropa. Südlich von Solenzara liegen in piniengesäumten Buchten in der Nähe von Porto-Vecchio einige der schönsten Strände der Insel.

2 Aléria ➡ H/J8

Einst unterhielt die antike Großstadt Verbindungen zu allen Ländern rund ums Mittelmeer, ihre Spuren reichen bis in die Stein-, Bronze- und Eisenzeit zurück. Was bei Ausgrabungen zutage kam, ist in der stimmungsvollen Umgebung des wieder aufgebauten genuesischen **Fort de Matra** ausgestellt. Ein Rundgang durch die elf Räume des **Musée Jérôme Carcopino** ist ein Streifzug durch die bewegte Geschichte der Stadt auf dem Hügel.

Im 6. Jahrhundert v. Chr. landeten Phokäer auf der Flucht aus Kleinasien an der Ostküste, wo schon andere Griechen auf den Resten älterer Kulturen siedelten. Vasen, die man vor allem in der Totenstadt (Nekropole) am Fuß des Hügels fand, sind Meisterwerke der attischen und hellenischen Kultur. Die Griechen brachten die Weinrebe mit. Als Trink-

Etruskisches Trinkgefäß im Musée Jérôme Carcopino in Aléria

hörner dienten die besonders schönen etruskischen Gefäße in Form eines Maultier- und eines Hundekopfes.

Karthager und Etrusker neideten den Griechen den strategisch wichtigen Inselstützpunkt und schickten 535 v. Chr. ihre Flotten gegen die Griechen von Alalia. Zwar gewannen die Phokäer die verheerende Seeschlacht, erlitten dabei aber so große Verluste, dass sie abzogen. Um 259 v. Chr. begannen sich die Römer im Zuge ihrer Kämpfe um die Vorherrschaft im Mittelmeerraum für die Siedlung auf Korsika zu interessieren. Die letzten verbliebenen Griechen wurden vertrieben, ihre Stadt wurde dem Erdboden gleichgemacht und darauf eine neue Stadt nach römischem Muster errichtet.

Die Korsen wehrten sich gegen die Unterdrücker: Innerhalb weniger Jahrzehnte verlor die Insel dabei fast die Hälfte ihrer Bevölkerung. Wer sich nicht fügte, wurde gefangen genommen und kam auf die Sklavenmärkte im fernen Rom. Die neuen Herren hatten, wie der römische Geschichtsschreiber Strabo (63 v. Chr.–20 n. Chr.) berichtet, freilich nicht viel Freude an den aufsässigen korsischen Sklaven, die lieber starben oder sich selbst umbrachten als zu gehorchen. Aléria dagegen wuchs mit den immer höheren Abgaben, zu denen die Korsen nach jeder Niederlage gegen die römischen Heere gepresst wurden. Die Stadt zählte schließlich 20 000 bis 30 000 Einwohner.

Ungefähr ein Zehntel von dem, was ein Brand und schließlich 465 n. Chr. die Vandalen davon übrig ließen, ist bei den **Ausgrabungen** zehn Minuten Fußweg vom Museum entfernt zu sehen. Der Rest wartet unter Gras und Klatschmohn auf seine Entdeckung, viele Geheimnisse des Hügels sind noch längst nicht erforscht.

Freigelegt wurde das **Forum**, der zentrale Platz für Rechtsprechung und Geschäfte, einst gesäumt von Säulengängen, deren Reste aus unverputzten Ziegeln noch sichtbar sind. Östlich davon ein dem Augustus geweihter **Tempel** und der Sitz des Statthalters, das **Praetorium**. Früher müssen die Mauerreste einmal zu einer kunstvollen Anlage mit Wasserspielen und -becken gehört haben. Wasser, über Aquädukte herangeführt, in Zisternen aufgefangen und in einem ausgeklügelten System von Rinnen und unterirdischer Kanalisation durch die ganze Stadt geleitet, spielte eine wichtige Rolle.

Ausgrabungen der römischen Stadt Aléria

Étang de Diane: an Schnüren zementierte Austern werden für den Verkauf abgeschnitten, gewaschen und sortiert

Es gab gleich mehrere Bäder, unter anderem ein großes **Balneum** im nördlichen Teil der Stadt mit mosaikgefliesten Becken, Ölbehältern und einer Bodenheizung (Hypokauste), zwischen deren kleinen Ziegelpfeilern heiße Luft unter dem Fußboden der Anlagen zirkulierte. Das **Amphitheater** und das 15 Quadratkilometer große **Gräberfeld** sind nicht zu besichtigen.

Tourist Information/ Office de Tourisme ➡ H/J8
80, av. Saint Alexandre Sauli
20270 d'Aléria-Oriente
✆ 04 95 57 01 51
www.oriente-corsica.com
Im Sommer Mo–Fr 9–19, Sa 9–18, sonst Mo–Fr 8.30–12 und 13.30–17 Uhr

Musée d'Archéologie d'Aleria Jérôme Carcopino
➡ H/J8
Im genuesischen Fort de Matra Aléria
✆ 04 95 57 00 92, www.cg2b.fr
Tägl. Mitte Mai–Sept. 9–12 und 13–18, Okt.–Mitte Mai 8–12 und 13–17, Nov.–März So/Fei geschl. Eintritt € 2/1 (Ticket berechtigt auch zur Besichtigung der 200 m entfernten Ausgrabungen auf dem Hügel)

Funde aus dem Ruinenfeld und der Nekropole u. a. von Griechen, Römern, Etruskern.

Ausflugsziele:

Étang de Diane
Schon in der Antike war die Lagune zu Füßen der alten Römerstadt Aléria sehr beliebt. Man fand dort bergeweise Austernschalen aus römischer Zeit. Auch heute machen Korsen gern einen Ausflug ans flache Ufer der Lagune, denn in einer Aquafarm werden an langen Schnüren Austern und Muscheln gezüchtet und man kann die fangfrischen Schalentiere an Ort und Stelle kaufen.

Musée Mnémosina ➡ J6
Prunelli-di-Fiumorbu
✆ 04 95 56 73 67
www.musee-mnemosina.sitew.com
Juli/Aug. tägl. 9–12.30 und 15–18 Uhr, sonst nur Sa, Eintritt € 2/1
Kleines Museum mit Objekten zu Geschichte, Traditionen und Kunsthandwerk der Gegend.

Cervione ➡ G7

Das große, festungsartige Dorf, fünf Kilometer von der Ostküste entfernt, war 1578–1736 Sitz der Bischöfe von Aléria. Es ist vor al-

Altes Mauerwerk erinnert in Porto-Vecchio an die Zeit der Genuesenherrschaft

lem bekannt durch den westfälischen Adligen Theodor von Neuhoff, der 1736 mit einem englischen Schiff voll Waffen, Getreide und Kleidung an der Ostküste landete, um den Freiheitskampf der Korsen gegen die Genuesen zu unterstützen. Dafür erfüllten sie dem titelversessenen Nordländer *Tiadoru* den Wunsch König zu werden. Als Palast wählte er den Bischofssitz in Cervione.

Acht Monate später war es vorbei mit der Königsherrlichkeit, der Glanz der Krone blätterte ab, denn von Neuhoff war bis über beide Ohren verschuldet und musste die Korsen, die auf Nachschub für ihren Freiheitskampf warteten, enttäuschen. Immerhin, er bereiste ganz Europa, um doch noch einen Geldgeber zu finden. Der König von Korsika starb fern von seinem sonnigen Inselkönigreich im Schuldturm von London.

Musée de l'ADECEC Cervione ➡ G7
Neben der Kathedrale
Cervione
✆ 04 95 38 12 83
www.adecec.net
Tägl. außer So 9–12 und 14.30–18, im Sommer bis 19 Uhr
Eintritt € 3,50
Volkskundliches Museum mit sehr informativer Sammlung von bäuerlichen Gerätschaften, Möbeln und alten Werkzeugen der Handwerker. Zudem Erinnerungen an das kurze Königtum Theodor von Neuhoffs sowie einige Dokumente und Gegenstände aus der Zeit Pasquale Paolis.

Aux trois Fourchettes ➡ G7
Place de l´Église, Cervione
✆ 04 95 38 14 86
www.aux3fourchettes.com
Ganzjährig geöffnet
Typisch korsische Küche. €–€€

Solenzara ➡ N6

Der kleine Badeort hat einen großen, lebendigen Yachthafen mit allen Einrichtungen.

Glacier du Port
Port de Plaisance, Solenzara
Eis wird hier in vielen köstlichen Sorten täglich frisch hergestellt. Von der Terrasse direkt am Wasser kann man das Kommen und Gehen im Hafen beobachten.

Ausflugsziel:

Solenzara-Fluss
Vom Ortseingang von Solenzara einige Kilometer Richtung Col de Bavella gibt es am Ufer einige schöne Plätze, die zu einem Picknick im Schatten von Lariccio-Kiefern einladen. Baden ist wie in den anderen Flüssen Korsikas nicht zu empfehlen.

Porto-Vecchio ➡ N6
Porto-Vecchio (Portivecchju) ist ein bei Touristen sehr beliebtes Städtchen auf einer Anhöhe an der südlichen Ostküste, gekrönt von einer genuesischen Zitadelle aus dem 16. Jahrhundert. In den Salinen wurde bis vor wenigen Jahren Salz gewonnen. Wirtschaftlich wichtig sind heute vor allem die zahlreichen schönen Badebuchten und Strände.

Tourist Information/ Office de Tourisme ➡ N6
Av. du Maréchal Leclerc
20538 Porto-Vecchio
✆ 04 95 70 09 58
www.ot-portovecchio.com
Mai–Sept. Mo–Sa 9–20, So 9–13, Okt.–April Mo–Fr 9–12 und 14–18 Uhr

Le Tamaricciu ➡ N6
Route de Palombaggia
Porto-Vecchio
✆ 04 95 70 49 89
www.tamaricciu.com
Mai–Okt.
Leichte Sommergerichte auf einer wunderschönen Terrasse. €€€

Le Roi Théodore ➡ N6
Av. de Bastia, Porto-Vecchio
✆ 04 95 70 47 98
www.roitheodore.fr
Ganzjährig geöffnet
Gourmetküche in schickem Ambiente; riesiger Pool. €€–€€€

Chez Anna ➡ N6
16, rue Camille-de-Rocca-Serra, in der Altstadt neben der Kirche
Porto-Vecchio
✆ 04 95 70 19 97
Mitte April–Mitte Okt. geöffnet, So geschl.
Italienische und korsische Spezialitäten. €€

Diskothek Via Notte ➡ N6
Route de Porra, einige Kilometer südlich von Porto-Vecchio
✆ 04 95 72 02 12
www.vianotte.com
Einer der Hotspots des korsischen Nachtlebens; Pool.

La Taverne du Roi ➡ N6
43, rue U Borgu
Porto-Vecchio
✆ 04 95 70 41 31
Nur im Sommer geöffnet, tägl. ab 22.30 Uhr
Beliebtes Bistro mit Livemusik.

Le Patio ➡ N6
6, impasse Ettori
Porto-Vecchio
✆ 04 95 10 73 41
www.patioportovecchio.com
Angesagte Musikbar mit Cocktails und Tapas. Es finden auch Konzerte und Shows statt.

Blick über die Bucht und den Yachthafen von Porto-Vecchio

Eine der zahlreichen Pinien …

Die schönen 3 Strände von Porto-Vecchio:

Santa Giulia ➡ N6
Ein Streifen feinen, weißen Sandes zwischen Lagune und Meer, der zu Südseeträumen einladen könnte, wenn da nicht Restaurants und der Club Mediterranée schon die gleiche Idee gehabt hätten.
Zufahrt: Von Porto-Vecchio 4 km auf der N 198 Richtung Bonifacio, dann links (Schild).

Palombaggia ➡ N6
Sandbuchten zwischen roten Felsen, umgeben von einem einmaligen Pinienwald, der vom Feuer im Jahr 1990 glücklicherweise verschont blieb. Einfache Imbissrestaurants, *restos*, im Schatten der Bäume bieten Erfrischungen an.
Zufahrt: Von Porto-Vecchio 2 km auf der RT 10 Richtung Bonifacio, dann links auf die Straße, die um die ganze Halbinsel herumführt, bis zum Parkplatz am Strand von Palombaggia.

Golfo di Sogno und Cala Rossa ➡ N6
Buchten mit einem schmalen Sandstreifen hinter der Lagune von Stagnolo.
Zufahrt: Nach Norden Richtung Bastia, dann rechts auf die D 568 und am Meer entlang bis zu den Stränden.

Saint-Cyprien ➡ M6
Große Bucht mit feinem weißem Sand und Feriensiedlungen.
Zufahrt: Nach Norden Richtung Bastia, rechts auf die D 568, dann auf der D 468 weiter bis zur Abzweigung nach Saint-Cyprien (Schild).

Pinarello ➡ M7
Der von Porto-Vecchio am weitesten entfernte und deshalb ruhigste Strand. Ein schmaler, langer Sandstreifen in der Nähe des Dorfes mit Pinien und Blick auf einen genuesischen Wachtturm.
Zufahrt: Von Porto-Vecchio 15 km Richtung Bastia, dann rechts auf der D 168 nach Pinarello.

… die den zahlreichen Sommergästen am Strand von Palombaggia tagsüber in der glühenden Mittelmeersonne Schatten spenden

Der Süden

Beinahe auf Schritt und Tritt trifft man im Süden auf die ältesten Spuren menschlicher Besiedlung, Menhire und Dolmen, nicht nur in der bedeutendsten prähistorischen Stätte **Filitosa**, sondern manchmal mitten in der Macchia. In den lichtdurchfluteten Kalksteinklippen an der Südspitze wurde das über 8000 Jahre alte Skelett der **Dame von Bonifacio** gefunden. Seit Jahrtausenden schon bot der tief eingeschnittene, geschützte Hafen von Bonifacio Seefahrern Schutz und entsprechend war die Südspitze der Insel immer wieder das Ziel von Eroberern.

Ganz anders **Sartène**, eine Stadt mit grauen, hohen, wehrhaften Häusern und mittelalterlichen Gassen, Schauplatz jahrhundertelanger verheerender Blutrachefehden und der traditionellen Karfreitagsprozession Catenacciu. Die Küste im Süden ist eher felsig, hat nur wenige Strände, Korkeichenwälder prägen die Landschaft, überragt von den Felszacken des **Bavella-Massivs**.

④ Bonifacio ➡ P5

Der südlichste Ort Korsikas liegt über einem schmalen Fjord auf einem 60 Meter hohen, schneeweißen Kalksteinfelsen. Die Auffahrt zur Oberstadt leitet den Verkehr automatisch zu geräumigen Parkplätzen in der Nähe der Kasernen. Die Stadterkundung beginnt mit einem Kirchenbesuch. **Saint-Dominique** ist eines der ganz wenigen gotischen Bauwerke Korsikas. Vermutlich wurde die Kirche Ende des 12. Jahrhunderts von Pisanern begonnen, eine Zeit lang von den Templern benutzt und gut 100 Jahre später von Dominikanern vollendet und erweitert. Über einem quadratischen Unterbau erhebt sich ein achteckiger Glockenturm mit

Die eherne Bastion findet sich im Wappen Bonifacios wieder

Doppelzinnen. Im Inneren mit seinen Spitzbögen, Arkaden und schmalen Fenstern befinden sich ein sehenswertes Marmorrelief des heiligen Franziskus sowie eine prächtig geschnitzte Kanzel, wunderschöne Holzmöbel und Prozessionsfiguren.

Über den **Place Bir-Hakeim**, vorbei am Ehrenmal der Fremdenlegion, geht es geradeaus durch die Rue Saint-Dominique in die Altstadt bis zum Place du Marché und zum **Place Manichella**, unter dessen runden Steindeckeln sich früher die Kornspeicher der Stadt verbargen. Vom Place Manichella aus sieht man das Ende der korsischen Welt, das **Capo Pertusato** (Capu Pertusatu).

Die Kirche **Sainte-Marie-Majeure** im Zentrum der Oberstadt erreicht man, wenn man ein paar Schritte zurück durch die Rue Doria und dann rechts geht. Der Eingang befindet sich auf der anderen Seite. Die Kirche zeugt, obwohl im 12. Jahrhundert von den Pisanern begonnen, unverkennbar von der Genuesenherrschaft über die Stadt. Diese vertrieben nämlich 1196 die Pisaner, warfen alle Einwohner hinaus und ersetzten sie durch Genuatreue Kolonisten.

Den eleganten Glockenturm schmücken fein gearbeitete Reliefs und zierliche Arkaden. Das Innere kündet mit seinem reichverzierten Altar aus dem 15. Jahrhundert, einem Tabernakel von 1465, der Kanzel und dem Taufbecken genuesischer Künstler vom Reichtum der einstigen Genuesenhochburg.

Wenn man zur anderen Seite der Kirche zurückkehrt und rechts durch die Rue du Corps de Garde geht, kommt man zur **Bastion de l´Etendard** der Genuesen. Von hier führen die Stufen des Montée Rastello abwärts durch die eindrucksvolle **Porte des Gènes**, das doppelte Stadttor mit Zugbrücke. Es wurde 1598 von den Genuesen erbaut und war bis ins 19. Jahrhundert der einzige Zugang zur Oberstadt.

Man passiert die Kapelle **Saint-Roch**. Der heilige Rochus sollte die Stadt vor der Pest beschützen. Die **Rue de Deux Empéreurs** bewahrt hier die Erinnerung an zwei berühmte Männer, die in Bonifacios Mauern nächtigten: Kaiser Karl V. (1541) und Kaiser Napoleon Bonaparte auf seinem missglückten Sardinienfeldzug im Jahr 1793.

Außerhalb der Stadt liegt der **Cimetière Marin**, der Meeresfriedhof, dessen Lage und ganz eigentümliche Stimmung einen Besuch lohnen. Hier steht auch die restaurierte Klosterkirche **Saint-François** aus dem 13. Jahrhundert. Von der Altstadt hinunter zum Meer führen die 187 Stufen des **Escalier du Roi d'Aragon** (Treppe des Königs von Aragon).

Der Überlieferung nach soll die Treppe von den Sklaven des Königs von Aragon in einer einzigen Nacht in den Fels geschlagen worden sein, als er 1420 die Stadt fünf Monate lang belagerte. In Wirklichkeit diente sie aber wohl eher als Fluchtweg für die Einwohner der Stadt bzw. den Mönchen des Klosters Saint-Francois als Weg zu einer Süßwasserquelle unten am Meer.

i Tourist Information/
Office de Tourisme ➡ P5
2, rue Fred Scamaroni, am Hafen
20169 Bonifacio
✆ 04 95 73 11 88
www.bonifacio.fr
Mai–Aug. Mo–Sa 9–19/20, So 9–18/19, Sept./Okt. Mo–Sa 9–18/19, So 10–17, April Mo–Fr 10–17, Nov.–März Mo–Fr 9–16 Uhr
Im Sommer ermöglicht ein **Touristenpass** für € 3,50 den Besuch der Sehenswürdigkeiten Bastion de

Jeder Quadratmeter Felsen wird genutzt: die Altstadt von Bonifacio

Hoch oben über dem Hafen thront die Zitadelle von Bonifacio, die vom unteren Teil der Stadt durch eine Zugbrücke getrennt ist

l´Etendard und Escalier du Roi d´Aragon in der Altstadt.

P Es gibt zwei große gebührenpflichtige **Parkplätze** in Hafennähe sowie vier kleinere Parkflächen in der Oberstadt (Parkgebühr 30 Min. € 0,70, 9 Std. € 18,80). Bei großem Andrang wird die Oberstadt für auswärtige Pkw gesperrt. Die Website www.parking-bonifacio.fr informiert über die Verfügbarkeit von Parkplätzen.

Petit train
Am Hafen, Bonifacio
April–Okt. 9–12 und 13.30–18 Uhr
Ticket € 6/3
Der kleine Zug fährt stündlich hinauf in die Oberstadt.

Bastion de l'Etendard ➡ P5
Altstadt, Bonifacio
April–Nov. Mo–Fr 9–20, Sa/So 10–19 Uhr, Eintritt € 2,50, unter 12 J. frei, »pass monument« für Bastion und Escalier du Roi € 3,50
Befestigungsanlage der Genuesen mit kleiner Gartenanlage und schönem Ausblick, in den Gewölben Einblick in die Lokalgeschichte.

Cimetière Marin ➡ P5
Altstadt, Bonifacio
Großer Friedhof hoch über dem Meer mit zum Teil prunkvollen Grabhäusern alter Familien und der Franziskanerkirche **Saint-François** (13. Jh.).

Escalier du Roi d'Aragon
Altstadt, Bonifacio
April–Nov. Mo–Fr 9–20, Sa/So 10–19 Uhr
Eintritt € 2,50, unter 12 J. frei
187 Stufen führen hinunter zum Meer. Der Sage nach ließ der König von Aragon sie 1420 bei der Belagerung der Stadt in einer Nacht in den Fels schlagen.

Place Bir-Hakeim ➡ P5
Altstadt, Bonifacio
Auf dem Platz steht das Denkmal eines fahnenschwingenden Fremdenlegionärs zur Erinnerung an den Algerienfeldzug von 1897 bis 1902.

Place Manichella ➡ P5
Altstadt, Bonifacio
Glashauben über den Öffnungen im Boden gewähren einen Blick in die ehemaligen Kornspeicher der Stadt. Ausblick auf die bis zu 90 m hohen Kalkfelsen der Südspitze Korsikas, des Capo Pertusato, und bei klarer Sicht nach Sardinien.

MIt dem Boot lässt sich die Steilküste Bonifacios am besten erkunden

Saint-Dominique ➡ P5
Rue des Deux Moulins, Bonifacio
Die gotische Kirche mit achteckigem, zinnengekröntem Glockenturm wurde im 12. Jh. begonnen und im 13. Jh. von Dominikanern vollendet. Charakteristische Architektur mit Spitzbögen, im Inneren ein Marmorrelief des heiligen Franziskus, sehenswerte Kanzel und Möbel in der Sakristei, Prozessionsfiguren.

Saint-Érasme ➡ P5
Rue Saint-Érasme
Unterstadt von Bonifacio
Ursprünglich Oratorium aus dem 13. Jh., mehrere Male umgebaut. Im Inneren zu bewundern: das Gewölbe der Apsis aus dem Mittelalter mit der Prozessionsfigur des heiligen Erasmus, des Schutzpatrons der Fischer.

La Bodega Bonifacio ➡ P5
Avenue de la Carottola, am Rande der Zitadelle in der Oberstadt Bonifacio
✆ 06 73 75 94 70
Im Sommer tägl. 12–22 Uhr
Uriges, kleines Restaurant mit korsischem Essen €€

Les Quatre Vents ➡ P5
29, quai Banda-del-Ferro (Promenade in der Unterstadt)
Bonifacio
✆ 04 95 73 07 50
April–Okt., außerhalb der Saison Mo und Di geschl.
Hauptsächlich frischer Fisch. €€

Stella d´Oro Chez Jules ➡ P5
7, rue Doria
Oberstadt von Bonifacio
✆ 04 95 73 03 63
April–Sept.
Ideenreiche Küche. €€–€€€

Cantina Doria ➡ P5
27, rue Doria
Oberstadt von Bonifacio
✆ 04 95 73 50 49
März–Okt.
Essen wie früher die Bauern und Hirten. €–€€

Bootsfahrt entlang der Steilküste von Bonifacio ➡ P5
Am Ende des Yachthafens (Port de Plaisance) ankern die Ausflugsboote, Ticket € 18,50
Die Preise sind überall einheitlich. Die Fahrt dauert etwa 45 Min. und führt aus dem Hafen heraus unter der Steilküste entlang und durch Felsengrotten.

Bootsfahrt zu den Îles Lavezzi ➡ P6
Am Ende des Yachthafens (Port de Plaisance) ankern die Ausflugsboote, Ticket € 37
Ins Naturparadies der Lavezzi-Inseln mit schönen Stränden und zahlreichen Spazierpfaden führt

eine ca. einstündige Bootsfahrt. Die Rückfahrt ist frei wählbar. Die Preise der Anbieter sind einheitlich, einige bieten als Extra auf privaten Parkplätzen freies Parken während der Tour an.

Karwoche ➡ P5
Die fünf Bruderschaften der Kirchen ziehen in farbenprächtigen Gewändern und mit schweren Holzfiguren in Prozessionen durch Bonifacio.

5 Station préhistorique de Filitosa ➡ M3

Auf dem Gelände der bedeutendsten prähistorischen Stätte Korsikas wurden nicht nur Kultstätten und Befestigungsanlagen der Torreaner gefunden, sondern auch 20 Menhir-Statuen und bis zu 8000 Jahre alte Siedlungsspuren. Die ersten Bewohner ließen sich, so beweist die Radiokarbon methode, zu Beginn des 6. Jahrtausends v. Chr. hier nieder. Mit primitiven Steinwerkzeugen bearbeiteten sie den harten Granit zu übermannshohen Statuen, denen sie menschliche Gesichter gaben. Am Ende des Plateaus sind solche – waffenlosen – Menhire aufgestellt, wahrscheinlich Ebenbilder ihrer Schöpfer.

Die dicke Ringmauer, die das Plateau umgibt, die Grundmauern der Hütten auf der linken Seite und die Reste des gewaltigen Turms mit dem Zentralmonument ganz vorne auf dem Plateau sind nicht ihr Werk, sondern das ihrer Feinde. Diejenigen, die hier um 1300 v. Chr. landeten und durch das Tal des Taravo zogen, verstanden sich zwar auf den Bau von gewaltigen Befestigungsanlagen, zerstörten aber erst einmal, was sie vorfanden. Sie stürzten die Menhire der Corsi um und verwendeten sie als Baumaterial für ihre *torri*, jene Türme, die den *nuraghi* von Sardinien ähneln und nach denen die Eroberer Torreaner genannt werden.

Sie besaßen Waffen, Dolche und lange Schwerter, sie trugen Rüstungen und auf dem Kopf Helme, in die zur Steigerung der Abschreckung wahrscheinlich Kuhhörner gesteckt wurden. Die jüngeren Menhire sind Abbildungen dieser schrecklichen Feinde: Folgt man dem Pfad vom Plateau abwärts, so sieht man fünf von ihnen auf einer Wiese im Halbkreis stehen.

Die Eroberer vertrieben die Ureinwohner, besiedelten und befestigten das Plateau, bauten eine Kultstätte und Hütten, richteten dort ihre Töpferwerkstätten ein, gossen Bronze zu Waffen und Schmuck, gerbten Felle für Kleidung, bauten Getreide an und mahlten es mit runden Steinen in Felsmulden zu Mehl. Funde im **Centre de documentation archéologique** berichten von den vielfäl-

Entdeckung und Erforschung der Granitmänner von Filitosa

Filitosa ist auch eine »Familienangelegenheit«: Der Bauer Charles-Antoine Cesari entdeckte die seltsamen menschenähnlichen Granitmänner, als er Gebüsch abbrannte, um Weideflächen für seine Schafe zu schaffen. Er setzte alles daran Licht in die Herkunft der mysteriösen Steinkrieger zu bringen. Roger Grosjean grub sie aus und heute ist Cesaris Sohn Jean-Dominique als Archäologe ihren Geheimnissen auf der Spur.

Granitmann der Megalithstätte Filitosa

tigen Fertigkeiten der Torreaner, die bis ungefähr 800 v. Chr. in Filitosa lebten.

Station préhistorique de Filitosa ➡ M3
An der D 57, Filitosa
✆ 04 95 74 00 91, www.filitosa.fr
April–Okt. 9 Uhr bis Sonnenuntergang, Nov.–März nur nach Voranmeldung, Besichtigung ca. 1 Std. Eintritt € 9/7 (7–17 J.), bis 6 J. frei
Menhire aus der korsischen Steinzeit und Ausgrabungen von Befestigungsanlagen der Torreaner aus Bronze- und Eisenzeit. Eine Sammlung der Funde, u. a. Waffen, Keramiken, Schmuck und steinerne Getreidemühlen, wird im **Centre de documentation archéologique** gezeigt.

Levie ➡ M5 und 6 Col de Bavella ➡ L6

Im **Musée de l'Alta Rocca** in **Levie**, 29 Kilometer nordöstlich von Sartène, vermitteln die Schaukästen eine Vorstellung von den waffenstarrenden Männern der Bronze- und den schmuckbegeisterten Damen der Eisenzeit sowie von den Werkstätten, in denen um 500 v. Chr. Schwerter gegossen wurden und Wolle zu Kleidung gewebt wurde. Im gläsernen Sarg ruht die besterforschte Korsin der Welt, die »Dame von Bonifacio«. Kein Wunder, denn sie ist schließlich mit rund 8500 Jahren die älteste. Hier sind auch die Funde der prähistorischen Stätten Cucuruzzu und Capula zu besichtigen.

Das **Castellu di Cucuruzzu** ➡ M5, 3,5 Kilometer von Levie entfernt, liegt im Wald. Ein Spaziergang führt zu der im 9. Jahrhundert v. Chr. erbauten einstigen Torreanerfestung mit Wehrgängen, Schießscharten und unterirdischen Räumen, deren Konstruktion zum Teil noch zu erkennen ist. Eine bis zu fünf Meter dicke Mauer schützte die Krieger, die unter den tonnenschweren Steinblöcken im Zentrum der Anlage Wetter und Feinden trotzten. Fürs Seelenheil gab es im hinteren Teil der Festung ein Gewölbe *(cella)*, das wahrscheinlich dem Totenkult diente. Unterhalb davon lagen die Hütten des torreanischen Dorfes. Es gab Töpferwerkstätten und steinerne Getreidemühlen.

Ein weiterer Spaziergang führt durch einen verwunschenen Wald mit uralten Steinmauern, Dickicht und moosbewachsenen Felsbrocken zum **Castellu di Capula** ➡ M5. Die Baumeister machten sich die natürliche Felsbastion zunutze und ergänzten sie mit Mauern – die ersten entstanden vor mehr als 3000 Jahren, die letzten im Mittelalter. Eine geborstene Menhir-Statue mit Langschwert bewacht das Bollwerk; zu sehen sind Anlagen aus der Bronze- und Eisenzeit sowie Ruinen einer mittelalterlichen Burganlage.

15 Kilometer weiter erklimmt die D 268 den 1218 Meter hohen Pass 6 **Col de Bavella** ➡ L6. Nicht umsonst werden die Felstürme, Zacken und Spitzen des Bavella-Massivs auch die »korsischen Dolomiten« genannt. Zahlreiche Klettermöglichkeiten bieten sich hier.

Musée de l'Alta Rocca Levie ➡ M5
Quartier Pratu, Levie
✆ 04 95 78 00 78
www.corsedusud.fr
Im Sommer tägl. 10–18, sonst Di–Sa 13.30–17.15 Uhr, Eintritt € 4
Museum mit prähistorischen Funden von Cucuruzzu und Capula, auch das 8600 Jahre alte Skelett der »Dame von Bonifacio«.

Sites archéologiques de Cucuruzzu et Capula ➡ M5
Route du Pianu
✆ 04 95 78 48 21
April–Okt. tägl. 9.30–18, Juli/Aug. bis 20, letzter Eintritt 17 Uhr, Be-

Vor den Gipfeln des Passes Col de Bavella steht die Marienstatue »Notre Dame de la Neige«, die Schneejungfrau: Reisende bitten sie mithilfe von Kerzen und Kärtchen um Schutz auf ihrem Weg in die Berge

sichtigung 2–3 Std., Eintritt € 4, Kinder frei, Audioguide € 3
Beide Stätten sind über Fußwege zu erreichen. Das Castellu di Cucuruzzu wurde wahrscheinlich im 2. Jt. v. Chr. besiedelt sowie vom 9. bis 4. Jh. v. Chr. Von den Torreanern wurde es zur Festung ausgebaut. Das Castello di Capula war wahrscheinlich von 3000 v. Chr. bis ins Mittelalter bewohnt. Anlagen aus der Bronze- und Eisenzeit sowie Ruinen einer mittelalterlichen Burganlage sind zu sehen.

Montagnes de Corse ➡ M5
✆ 04 95 10 52 83
www.montagnesdecorse.com
Zwölf diplomierte und organisierte korsische Bergführer begleiten bei Touren durchs Hochgebirge und bei Klettertouren.

Propriano ➡ M3

Das Fischerdorf ist durch den Urlauberansturm und seinen Yachthafen aus den Fugen geraten, jedoch ein guter Ausgangspunkt für diverse Wassersportarten im Golf von Valinco und die Beobachtung der Unterwasserwelt mit fischreichen Felsenriffen und Korallen.

Promenades en mer CMPV ➡ M3
Hafen, Propriano
www.promenades-en-mer-propriano.fr
Nur in der Saison, tägl. mehrere Abfahrten (ab 12 Personen)
Fahrt durch den Golf von Valinco mit Blick in die Unterwasserwelt durch eine Glasscheibe im Bootsboden und Bademöglichkeit (2 Std., € 24, Kinder ab 4 J. € 12,50). Ganztagesausflug entlang der Küste mit Baden und Picknickmöglichkeit (€ 48, Kinder € 24). Ganztagesausflug ins Naturschutzgebiet Scandola mit zwei Stunden Aufenthalt im malerischen Dörfchen Girolata (€ 80, Kinder € 40).

U Levante ➡ M3
Port de Plaisance, Propriano
✆ 04 95 76 23 83
April–Okt.
Tauchkurse in mehreren Niveaus.

Sartène ➡ N4

»Sein Anblick atmet Krieg und Rache«, schrieb der französische Schriftsteller Paul Valéry (1871–1945) über Sartène (Sartè). Noch zu Beginn des 20. Jahrhunderts schlenderten nur die reichen Großgrundbesitzer, die *Sgios*, unter den Platanen des Place Porta umher und entschieden dabei über die Geschicke der Stadt.

Geht man vom **Place Porta** durch das Tor neben dem Rathaus, hat man ein anschauliches Bild der Kehrseite jener Verhältnisse vor Augen: Lange Zeit herrschten in den düsteren Gassen des mittelalterlichen Viertels Manighedda katastrophale hygienische Zustände. Hinter den dicken Mauern der lichtlosen Häuser wütete die Tuberkulose und brachte jene um, die nicht in den Kriegen der Feudalherren fielen. Heute entdecken Künstler und Handwerker den malerischen Aspekt des historischen Viertels und richten hier ihre Werkstätten ein.

Mehr noch als in anderen korsischen Städten lieferten sich die Familien von Sartène verheerende Blutrachefehden. Kein Wunder, dass hier der Karfreitagsbußgang des Catenacciu, des Büßers in Ketten, ein tiefverwurzelter Brauch ist. Das Kreuz und die Fußkette sind in der Pfarrkirche **Sainte-Marie** (1766) am Place Porta zu besichtigen. Das **Musée départemental de la Préhistoire Corse** beherbergt eine ausgezeichnete Sammlung von Werkzeugen, Waffen und Schmuck der Vor- und Frühgeschichte Korsikas.

Tourist Information/ Office de Tourisme ➡ N4
14, cours Sœur-Amélie
20100 Sartène
✆ 04 95 77 15 40, www.ot-sartene.pagesperso-orange.fr
Juli/Aug. 9–19, sonst Mo–Fr 9–12 und 14–18 Uhr

Musée départemental de la Préhistoire Corse ➡ N4
Rue Croce, Sartène
✆ 04 95 77 01 09
www.corsedusud.fr
Mai–Sept. tägl. 10–18, Fei. geschl., Okt.–April Mo–Fr 10–17 Uhr
Eintritt € 4/2,50

Wehrhaft wirken die hohen Steinhäuser von Sartène bis heute

Der Catenacciu von Sartène

Sartène: In Kapuze und Ketten durchlebt der »Catenacciu« die Stationen des Kreuzwegs

Viele Menschen aus ganz Korsika kommen alljährlich am **Karfreitag** nach Sartène, um einem alten religiösen Brauch beizuwohnen, der von den spanischen Eroberern eingeführt wurde, als sie im Jahr 1419 Sartène gründeten.

Hinter den dicken Mauern des Franziskanerklosters sitzt dann ein Mann, der sich darauf vorbereitet einen Bußgang durch die Stadt zu tun. Nur die Mönche des Klosters und die Priester kennen seine Identität. Jahrelang hat der Mann wahrscheinlich auf diesen Tag gewartet: Bis auf mehrere Jahre im Voraus reicht die Liste der Anwärter für den Catenacciu.

Der Catenacciu büßt, so versichern die Mönche des Klosters, die den Büßer bis zum Beginn der Prozession betreuen und ihn auf seinen schmerzhaften und qualvollen Gang vorbereiten, für eine schwere Sünde, oft genug für einen Mord. In früheren Zeiten waren die Büßer häufig Banditen, die aus ihrem Versteck in der Macchia kamen, um den Catenacciu, den Angeketteten, zu verkörpern. Nur einmal im Leben darf ein Mann Catenacciu sein. Es gilt als besondere Ehre, denn indem sich jemand bis zum Äußersten demütigt, repräsentiert er keinen Geringeren als Jesus selbst.

Ein Blitzlichtgewitter als krasser Kontrast zum Kerzenlicht empfängt den Mann an der Kirche Sainte-Marie, dem Beginn des Kreuzweges, und lässt ihn geblendet zögern. Er trägt ein scharlachrotes Gewand. Sein Kopf ist mit einer roten Kapuze verhüllt, die über dem Kopf zusammengeknotet ist und nur die Augen frei lässt. Sogar die Hände, die ihn verraten könnten, stecken in roten Handschuhen. Niemand soll den Catenacciu erkennen, der sich langsam und schwerfällig vorwärtsbewegt, gebeugt unter der Last eines über dreieinhalb Meter hohen und fast drei Meter breiten, dunklen Kreuzes aus Eichenholz. An seinem rechten Fußknöchel schleppt er eine schwere Eisenkette von 14 Kilogramm Gewicht hinter sich her.

Das korsische Wort *catena* gab dem Büßer seinen Namen *Catenacciu* – »der Angekettete«. Das Klirren begleitet ihn, wenn er sie mühsam hinter sich herzieht. Er geht barfuß, die Kette reibt und scheuert an seinem Fußknöchel. Vor der Kirche Sainte-Anne fällt er zum ersten Mal, stürzt unter der Last des Kreuzes. Eineinhalb Kilometer muss er durchhalten. Unterwegs gesellt sich ein Mann in weißem Gewand mit weißer Kapuze zu ihm, hilft ihm das Kreuz zu tragen: der *pénitent blanc*, der weiße Büßer, der Simon von Kyrene symbolisiert.

Der Zug, dem sich mehr und mehr Menschen anschließen, hält vor der Marienstatue im Trauergewand, bewegt sich weiter zu den Kirchen Saint-Sébastien und Sainte-Claire. Wie der Brauch es will, stürzt der Büßer noch zweimal unter dem Kreuz, um schließlich zur Pfarrkirche Sainte-Marie zurückzukehren, wo die symbolische Kreuzigung stattfindet. Der Priester betet, stimmt nach einer uralten korsischen Melodie eine Litanei mit unzähligen Strophen an und mit hoher, vibrierender Stimme fallen die Korsen unter den Zuschauern in den Refrain ein, der sich ständig wiederholt: »Perdonu, mio Dio, mio Dio, perdonu, perdonu, mio Dio, perdonu, pietà«. Die schweren Kirchentore schließen sich hinter dem Catenacciu, die Menge zerstreut sich, strömt in die Restaurants, die an diesem Abend nur Fischgerichte anbieten.

Die Menhir-Gruppe Stantari soll antike Krieger darstellen

Hier erfährt man Interessantes über die Vor- und Frühgeschichte Korsikas und seine Besiedelung vom Neolithikum bis zum Ende der Eisenzeit.

Sainte-Marie ➡ N4
Place Porta, Sartène
Tägl. 8–19 Uhr, Eintritt frei
Die 1593 erbaute Kirche stürzte 1765 ein und wurde Anfang des 19. Jh. wieder aufgebaut. Hier werden das Eichenkreuz und die Eisenkette für die Karfreitagsprozession des Catenacciu aufbewahrt.

Le Jardin de l´Echaugette ➡ N4
Place Vardiola/Rue Petrajo
Sartène
✆ 04 95 77 12 86
Malerisch in der mittelalterlichen Altstadt gelegen und mit einem lauschigen Garten serviert das Restaurant leckeres Essen. €€–€€€

Prozession des Catenacciu ➡ N4
Die Prozession des Büßers in Ketten findet in Sartène alljährlich am Karfreitag statt und zieht Besucherströme an.

Ausflugsziele:

Archäologisches Ausgrabungsgebiet von Cauria mit Stantari, Renaggiu und Fontanaccia sowie das Alignement de Palaggiu ➡ N3/4
Von Sartène nach Süden Richtung Bonifacio fahren, nach 3 km abbiegen auf die D 48 Richtung Tizzano (Tizzà) und weitere 7 km, dann links die D 48A zum Ausgrabungsgebiet Cauria ➡ N3 ab, sie mündet in eine Piste und endet auf einem kleinen Parkplatz. Von hier aus empfiehlt es sich ca. 15 Minuten zu Fuß weiterzugehen. Der Spaziergang führt zur **Menhir-Gruppe Stantari** ➡ N4, die nach Meinung Roger Grosjeans, der auch hier die Ausgrabungen leitete, torreanische Krieger mit Schwertgehängen und Lendenschurz darstellt – angetreten in zwei Reihen wie zur Schlacht.

Ein ganzes Heer von steinernen Kriegern ist 400 m weiter in einem Steineichenwäldchen aufmarschiert: 47 kleinere Menhire, zum Teil aufrecht stehend, zum Teil übereinander gestürzt, gehören zum Alignement von **Renaggiu**. Zurück bei den Stantari zweigt links jenseits eines Zaunes ein Pfad ab, den man über eine Trittleiter erreicht. Der Weg führt zum größten und schönsten Steinplattengrab Korsikas, dem **Dolmen von Fontanaccia** ➡ N3. Über drei Tonnen wiegt allein die 3,40 m lange und 2,90 m breite Deckplatte.

Auch wenn der Nachmittag schon fortgeschritten ist, lohnt sich der Besuch einer weiteren prähistorischen Stätte 2 km weiter auf der D 48 Richtung Tizzano: Das **Alignement de Pallagiu** ➡ N3 ist die größte Menhir-Gruppe des ganzen Mittelmeerraums. 258 Monolithen aus verschiedenen Epochen stehen hier wie ein gewaltiges versteinertes Heer.

Der Westen

Felsenküsten und idyllische Badebuchten, schwindelnde Küstenstraßen und paradiesische Flussmündungen sind charakteristisch für die Westküste Korsikas, deren abwechslungsreiche Unterwasserfelsenlandschaft als Taucherparadies gilt. Im Norden lockt das lebhafte Calvi mit seiner mächtigen genuesischen Zitadelle und schönen Stränden. Ausflüge führen in die über 1000 Jahre alten Dörfer der Balagne, »Korsikas Garten« mit Olivenhainen, zahlreichen Barockkirchen und Klöstern sowie dem Künstlerdorf Pigna.

Weiter im Süden eröffnet der Golf von Porto, klassifiziert als Weltnaturerbe, mit bizarren roten Felsformationen atemberaubende Ausblicke. Andere Genüsse bietet die Inselhauptstadt Ajaccio mit breiten Palmenalleen, schicken Cafés und Geschäftsstraßen. Napoleon Bonaparte wurde hier geboren, das korsische Regionalparlament hat hier seinen Sitz.

7 Ajaccio ➡ K2

Die Hauptstadt von Korsika, Ajaccio (Aiacciu), ist mit 66 000 Einwohnern die größte Stadt der Insel, hier wurde Napoleon Bonaparte geboren, und er ist überall. Auf dem **Place du Maréchal-Foch** ➡ aC4 überragt seine Marmorstatue als Premier Consul vier wasserspeiende Löwen.

Der ausgestreckte Steinarm der Statue seines Bruders Jérôme ein paar hundert Meter entfernt weist den Weg zum **Rathaus** ➡ aC4/5 *(Hôtel de Ville)*. Im ersten Stock wird denn auch im **Salon Napoléonien** die Erinnerung an den großen Sohn der Stadt gepflegt. Hier sind auch die Porträts des ganzen oft zerstrittenen Clans friedlich vereint, darunter Napoleons Onkel Kardinal Fesch.

Dieser hinterließ nach seinem Tod eine Sammlung von rund 16 000 Bildern, die er auf recht unterschiedliche Weise erworben hatte. So dankte zum Beispiel Napoleon dem Onkel für seine militärische Unterstützung, indem er ihm durch Beschlagnahmung Bilder verschaffte. 400 Gemälde der Sammlung sind im **Musée des Beaux-Arts** im **Palais Fesch** ➡ aB5 zu sehen, darunter Werke des 15. Jahrhunderts von Sandro Botticelli, Giovanni Bellini, Giovanni Boccati und Cosimo Tura. Der frühen italienischen Malerei galt Joseph Feschs große

Nur eine von vielen Möglichkeiten sich im Mittelmeer zu erfrischen: Badestrand in der Bucht von Ajaccio

Die Marmorstatue Napoleons auf dem Place du Maréchal-Foch

Leidenschaft. Die Sammlung zeigt aber auch Meisterwerke des 17. und 18. Jahrhunderts. In der **Chapelle Impériale**, dem rechten Flügel des Palais, liegt Fesch begraben, umgeben von den Eltern des Kaisers und anderen Mitgliedern der Familie Bonaparte.

In einer Nische des Hauses Nr. 7 am Place du Maréchal-Foch steht eine kleine Marienstatue, die als Schutzpatronin der Stadt bis 1747 über dem Stadttor wachte.

Wo alles begann, was als imperialer Größenwahn endete, ist im **Maison Bonaparte** ➡ aC/aD4 zu sehen, dem Geburtshaus Napoleons. Ein Rundgang durch das Museum vermittelt einen Einblick in das Ambiente einer nicht unvermögenden Familie des 18. Jahrhunderts.

Ein anderes Museum, das nach dem schönen Relief über dem Eingang **Capitellu** ➡ aD4 heißt, zeigt Erbstücke und Andenken einer alteingesessenen Familie, die ihre Herkunft bis 1443 zurückverfolgen kann. Die Exponate vermitteln einen ganz persönlichen Überblick über die Stadtgeschichte von der Genuesenherrschaft in der Zitadelle bis zur »Bevölkerungsexplosion« im 19. Jahrhundert, als die Stadt innerhalb von 60 Jahren von 4000 auf 21 000 Einwohner anwuchs und erst richtig städtisch wurde. Das beweist auch der Schmuck der feinen Damen, der in Glasvitrinen ausgestellt ist.

Durch die Rue du Roi de Rôme und dann links durch die Rue Notre-Dame gelangt man zu einer Dame, deren Ruhm unvergänglich scheint. Ajaccio hat nie vergessen, was es seiner *Madonuccia*, dem »Madönnchen«, zu verdanken hat, und weihte ihr deshalb die 1582 begonnene und 1593 vollendete **Cathédrale Notre-Dame-de-la-Miséricorde** ➡ aD4. Als die Stadt nämlich 1656 befürchtete, dass die Genuesen die Pest aus ihrer Heimatstadt einschleppten, befahlen sich die Einwohner samt Magistrat notariell verbrieft dem Schutz der heiligen Jungfrau: Die Pest wütete in Genua, verschonte aber die korsische Hafenstadt.

Das kostbarste Werk der Kirche, ein Gemälde von Eugène Delacroix (1798–1863), ist denn auch mit dem Titel »La vierge du Sacré-Coeur« Maria gewidmet. Es befindet sich auf der linken Seite in der ersten Seitenkapelle, deren Stuck aus der Werkstatt Tintorettos stammen soll. Die zweite Kapelle, der Notre-Dame-de-la-Miséricorde geweiht, enthält eine gekrönte Madonna aus Marmor, die dritte, der Jungfrau vom Rosenkranz gewidmet, 15 kleine Bilder aus dem 17. Jahrhundert zum Mysterium des Rosenkranzes.

Rechts vom Hauptportal, in dem weißen Taufbecken mit den pausbäckigen Engeln, wurde der zweijährige Napoleon getauft. Wenigstens der große Platz ein paar Schritte weiter nach rechts heißt nicht nach ihm, sondern **Place du Général de Gaulle** ➡ aC4. Aber den Namen gebraucht in Ajaccio niemand: Hier nennt man ihn »Diamant«. Napoleon darf auf

dem repräsentativen, sonnendurchglühten Geviert, das eine große Tiefgarage deckt, natürlich nicht fehlen. Monumental reitet er mit goldenem Lorbeer bekränzt zwischen seinen vier Brüdern, die wie Leibwächter um die 1865 geschaffene Statue herum stehen.

Vom Place Diamant schließlich führt der **Cours Grandval**, eine breite, genau einen Kilometer lange Straße, zum höchsten Gipfel des kaiserlichen Nachruhms, dem **Place d'Austerlitz** ➡ aC1. Am Ende der schnurgeraden Straße steigen 100 steile Stufen einer Prunktreppe an und hoch oben auf einer Pyramide, fast schon im Himmel, überragt Napoleon die Stadt: Napoleon auf dem Siegertreppchen, Gewinner der Goldmedaille, verliehen von den dankbaren Hoteliers, Gastronomen, Andenkenhändlern und den vielen anderen, die in dieser Stadt von seinem Nachruhm leben. Für Ajaccio ist Napoleon nie gestürzt, täglich wird der Glorienschein frisch poliert. Dahinter ein paar hohle Felsen, eine Grotte, in der Napoleon als Kind gespielt haben soll.

Tourist Information/ Office de Tourisme ➡ aC4
3, bd. du Roi-Jérôme
2000 Ajaccio
✆ 04 95 51 53 03
www.ajaccio-tourisme.com
Juli/Aug. Mo–Sa 8–20.30, So 9–13 und 16–19, Sept./Okt. und April–Juni Mo–Sa 8–19, So 9–13, sonst Mo–Fr 8–12.30 und 14–18, Sa 8–12 und 14–17 Uhr

Maison Bonaparte ➡ aC/aD4
Rue St-Charles, Ajaccio
✆ 04 95 21 43 89
www.musee-maisonbonaparte.fr
Tägl. außer Mo 10.30–12.30 und 13.15–18, Okt.–März bis 16.30 Uhr
Eintritt € 7, bis 25 J. und 1. So im Monat frei
Im Geburtshaus Napoleons befindet sich das Nationalmuseum mit Bildern, Büsten und Gegenständen aus dem Besitz der Familie Bonaparte. Die Besucher sehen zudem Kopien der Originalmöbel. Am Eingang sind deutschsprachige Faltblätter mit ausführlichen Erläuterungen sowie Audioguides in deutscher Sprache erhältlich.

Im Salon Napoléonien im Musée Fesch wird die Erinnerung an den großen Sohn Ajaccios gepflegt

Palais Fesch – Musée des Beaux-Arts ➡ aB5
50, rue Cardinal Fesch (in der 1. Etage des Palais Fesch), Ajaccio
✆ 04 95 26 26 26
www.musee-fesch.com
Im Sommer Mo, Mi, Sa 10.30–18, Do/Fr, So 12–18, im Winter Mo, Mi, Sa 10–17, Do/Fr und jeden 3. So im Monat 12–17 Uhr
Eintritt € 8/5, manchmal Führungen auf Deutsch
Kunstmuseum mit Gemälden aus dem Nachlass des Kardinals Joseph Fesch (1763–1839). Das Museum besitzt – nach dem Louvre – die bedeutendste französische Sammlung italienischer Malerei (14.–18. Jh.). Der linke Flügel des Palais beherbergt die 60 000 zum Teil kostbare und äußerst seltene Bände umfassende Bibliothek.

Salon Napoléonien ➡ aC4/5
Place du Maréchal-Foch (Hôtel de Ville), Ajaccio
✆ 04 95 51 52 62
Mo–Fr 9–11.45 und 14–17.45, im Winter bis 16.45 Uhr
Eintritt € 2,30, Kinder frei
Napoleon gewidmeter Saal in der ersten Etage des Rathauses mit Geburtsurkunde, persönlichen Gegenständen und Totenmaske des Kaisers; am Eingang kann ein Informationsblatt mit Erläuterungen in deutscher Sprache ausgeliehen werden. Da der Saal auch als Trauzimmer dient, ist er nicht immer öffentlich zugänglich.

Napoleon wollte hier beerdigt werden: Cathédrale Notre-Dame-de-la-Miséricorde in Ajaccio

Cathédrale Notre-Dame-de-la-Miséricorde ➡ aD4
Rue Notre-Dame, Ajaccio
1582 begonnene und 1593 vollendete Kirche mit Grundriss in Form eines griechischen Doppelkreuzes, die der heiligen Maria als Schutzpatronin der Stadt geweiht ist und liebevoll *Madonuccia* genannt wird. Zu sehen gibt es Stuck aus der Werkstatt von Tintoretto, ein Mariengemälde von Eugène Delacroix in der ersten linken Seitenkapelle, eine weiße Madonnenstatue aus dem 18. Jh. in der zweiten linken Seitenkapelle und in der dritten 15 Gemälde aus dem 17. Jh. Rechts vom Eingang das Taufbecken Napoleons.

Chapelle Impériale ➡ aB5
50, rue du Cardinal Fesch (im rechten Flügel des Palais Fesch), Ajaccio
✆ 04 95 21 48 17
Tägl. außer Mo vormittags Juli/Aug. 9–18.30, Fr auch 21–24, sonst 9.15–12.15 und 14.15–17.15 Uhr, Okt.–März Mo ganz geschl.
Eintritt € 1,50/0,75
Napoleon III. ließ die Grabkapelle der Familie 1860 im Renaissancestil erbauen. Neun Familienmitglieder, darunter Kardinal Fesch und die Eltern Napoleons, Laeticia und Charles Bonaparte, ruhen in der Krypta.

Cours Grandval ➡ aC3
Ajaccio
Früher Prachtstraße zwischen Napoleon auf dem Löwenbrunnen (Place du Maréchal-Foch) und Napoleon auf dem Casone (Place d'Austerlitz). Heute beliebte Verbindungsader, Sitz des korsischen Regionalparlaments im ehemaligen Grand Hôtel et Continental in einem exotischen Park und Standort der anglikanischen Kirche von 1878 (heute Tanzschule).

Place d'Austerlitz (Casone)
➡ aC1
Ajaccio

Napoleon-Denkmal in einer Grünanlage über dem Stadtzentrum. Die Statue ist ein Abguss der Figur, die bis 1863 die Vendôme-Säule in Paris krönte und jetzt im Ehrenhof des Hôtel des Invalides aufgestellt ist. Felsengrotte, in der Napoleon als Kind gespielt haben soll.

Le Petit Train d'Ajaccio
2, quai Napoléon, Ajaccio
✆ 04 95 51 13 69
April–Okt., 45 Min.
Fahrpreis € 8/4
Stadtrundfahrt mit der Bummelbahn. Empfehlenswert ist auch der **Circuit Sanguinaires**, eine Rundfahrt zu der vorgelagerten bizarren Felsenhalbinsel mit Blick auf die wilden Îles Sangiunaires, besonders schön bei Sonnenuntergang (1,5 Std., € 11/5).

A Merendella Citadina ➡ aC/aD4
19, rue du Conventionnel Chiappe
Ajaccio
✆ 09 67 78 99 13
In der Altstadt mit Blick aufs Meer und junger, kreativer Küche. €€

Auberge Colomba ➡ aB5
3, rue des Trois-Marie, Ajaccio
✆ 04 95 51 30 55
Ganzjährig geöffnet
Kleines und nettes Lokal in einem Gewölbe. €€

Da Mamma ➡ aC4
Passage Guinghetta, Ajaccio
✆ 04 95 21 39 44
In der Saison tägl. geöffnet, im Winter geschl.
Korsische Spezialitäten in einer kleinen Passage zwischen Cours Napoleon und Hafen, uriges Ambiente, im Sommer stehen die Tische draußen in den Gassen. €€

Le Gran Café Napoléon ➡ aC4
10, cours Napoléon, Ajaccio
✆ 04 95 21 42 54
www.grandcafenapoleon.com
Sa abends und So geschl.
Kein Café, sondern ein Restaurant, dessen Patron sich dem großen Namen verpflichtet fühlt. €€

Weißer Nougat auf dem Markt in Ajaccio

La Part des Anges ➡ aC3
Bd. Lantivy, neben dem Casino
Ajaccio
✆ 04 95 21 29 34
Weinkarte mit ansehnlicher Auswahl.

Markt (Marché) ➡ aC4
Place Foch, Ajaccio
Tägl. außer Mo 8–13 Uhr
Großer Markt mit einer bunten Fülle von typischen Landesprodukten: Gebäck, Käse, Obst und Gemüse, Würste und Schinken.

Casino d'Ajaccio ➡ aC3/4
Bd. Pascal Rossini, Ajaccio
✆ 04 95 50 40 60
Tägl. 13–3 Uhr
Hier kann man bei Roulette und Black-Jack sein Glück versuchen.

Feste/Veranstaltungen
– 18. März großes **Fest zu Ehren Mariens**;
– 2. Juni Prozession blumengeschmückter Fischerboote zu Ehren von **St-Erasme**;
– 15. Aug. wird **Napoleons Geburtstag** gefeiert mit Konzerten und Veranstaltungen;
– Ende Nov./Anfang Dez. findet auf dem Place Miot der Antiquitätenmarkt **Salon des Antiquitaires** statt.
Über Konzerte und Ausstellungen informiert das Office de Tourisme.

Ausflugsziele:

Schildkrötenfarm A Cupulatta ➡ J3

Vero, von Ajaccio ca. 17 km Richtung Corte, am Abzweig nach Tavaco vorbei, 700 m weiter liegt die Farm, ✆ 04 95 52 82 34
www.acupulatta.com
Tägl. Mitte Mai–Mitte Sept. 9–19, April–Mitte Mai und Mitte Sept.–Ende Okt. 10–17 Uhr, im Winter geschl., Eintritt € 12/9, bis 4 J. frei
Über 170 Arten leben hier unter freiem Himmel in der betreuten Anlage, von der winzigen Schildkröte bis zum 150 kg schweren Prachtexemplar von den Seychellen. Ein Biologenteam kümmert sich um Aufzucht, Studium und Artenschutz der urzeitlichen Tiere.

In der korsischen Macchia, in Obstgärten und in Korkeichenhainen vor allem im Süden der Insel ist die Hermannschildkröte heimisch. Auf der Farm ist auch sie zahlreich vertreten.

Cascade du Voile de la Mariée ➡ J4

Bocognano, am Kreisverkehr am Eingang des Dorfes rechts halten und auf der D 27 ca. 3 km bis zur Parkmöglichkeit fahren, dann zu Fuß den Hinweisschildern ca. 10 Minuten bergan folgen
Besonders eindrucksvoll ist der Wasserfall im Frühjahr zur Zeit der Schneeschmelze.

Col de Vizzavona ➡ H5

Nach 10 km auf der RT 20 erreicht man die Passhöhe des Col de Vizzavona (1163 m), überragt vom Monte d´Oro (2389 m) und Monte Renoso (2352 m). Im Buchenwald bieten sich auf Steinbrocken Picknickmöglichkeiten. Ein Fußpfad führt nach wenigen Metern hinauf zur Burgruine **Fort de Vaux**. Die Festung diente den Franzosen im 18. Jh. zur Kontrolle des wichtigsten Übergangs zwischen Nord- und Südkorsika. Ein Bergwanderweg führt in ca. 40 Minuten zum Wasserfall **Cascades des Anglais**.

Kletterpark Corsica Natura ➡ H5

500 m nach der Passhöhe des Col de Vizzavona Richtung Corte
www.corsicanatura.fr
Ende Mai bis Anfang Sept.
Eintritt € 25/15
Hochseilgarten mit abwechslungsreichen Anlagen.

Die Wasserfälle Cascades des Anglais nahe Vizzavona

Blutrache und Banditen

Korsischer Bandit im Hinterhalt

Früher gab es kaum eine korsische Familie, die nicht in eine *vendetta*, eine **Blutrachefehde**, verstrickt war. »Guardati – eiu mi guardu!« »Nimm dich in Acht – ich werde mich in Acht nehmen!«, hieß in Korsika viele Jahrhunderte lang die Kriegserklärung. Wer sie zu hören bekam, war seines Lebens nicht mehr sicher. Aber auch die männlichen Verwandten des Betroffenen mussten mit einem plötzlichen und vorzeitigen Tod durch eine Kugel oder einen Messerstich rechnen.

Immer war eine Verletzung der Ehre der Anlass – sei es durch den Steinwurf nach einer Ziege, einen toten Esel auf dem Weg eines Brautzugs, einen herausfordernden Blick auf die Schwester oder die Frau eines anderen. Nur mit Blut konnte die Schande abgewaschen werden, aber jeder Mord schrie wiederum nach Rache. Zwischen 1683 und 1715 ließen auf diese Weise 28 715 Menschen ihr Leben, durchschnittlich 900 pro Jahr, und auch im 19. Jahrhundert setzte sich das Morden fort. Kein Wunder, dass die korsischen Frauen gar nicht mehr dazu kamen, ihre schwarze Trauerkleidung abzulegen, bis man sie schließlich für eine Art von Tracht hielt.

War ein Familienmitglied tot, versammelten sich um seinen Leichnam die Klageweiber, um schrill den Verlust für die Familie zu besingen. War der Verblichene einem Mord zum Opfer gefallen, und das war häufig der Fall, steigerte sich die Klage zu einem *voceru*. Das blutige Hemd in der Hand trieb die Frau, die Tochter oder die Schwester des Toten die männlichen Verwandten zum Racheschwur, mit dem die unglücklichen Rächer dann bereits ihr eigenes Todesurteil besiegelten und neue Klagelieder heraufbeschworen.

Die Kirche zog vergebens gegen die Vendetta zu Felde. Den größten Erfolg versprach noch Pasquale Paolis Kampf gegen die Blutrache, doch 13 Jahre einer korsischen Nation waren zu kurz, um den Ursachen wirkungsvoll zu begegnen.

Die Verfechter der Ehre sind die tragischen Helden ungezählter Lieder und Geschichten. Einerseits bedauert wegen ihres Schicksals, andererseits romantisch verklärt, verkörpern sie als uneigennützige Kämpfer, die sich edel für die Familienehre opferten, das korsische Ideal der Freiheit. Sie waren nämlich vom Augenblick des Mordes an verbannt aus der menschlichen Gesellschaft, mussten Heim und Beruf aufgeben und als Banditen in die Macchia fliehen.

Was Kirche und Staat jahrhundertelang nicht fertiggebracht hatten, das schaffte der Erste Weltkrieg. Mit 20 000 Korsen starb auch das Banditentum auf den Schlachtfeldern Europas.

L'Île Rousse ➡ D4
Pasquale Paoli gründete dieses Hafenstädtchen im Jahr 1758 an der Stelle einer ehemaligen Römersiedlung. Er wollte damit dem stets genuatreuen Calvi einen freien Hafen und damit auch ein Handelszentrum vor die Nase setzen. Von weitem leuchten schon die roten Felsen, die der Stadt ihren Namen gaben: L'Île Rousse (Isula Rossa) – die rote Insel.

Pasquale Paoli ➡ D4
2, Place Paoli, L'Île Rousse
✆ 04 95 47 67 70
Dez. und So geschl.
Beliebtes Feinschmecker-Restaurant. €€€€

A Siesta ➡ D4
Bd. Charles-Marie Savelli
L'Île Rousse
✆ 04 95 60 28 74
April–Okt.
Fischspezialitäten mit Blick aufs Meer. €€–€€€

L'Escale ➡ D4
22, rue Notre Dame, L'Île Rousse
✆ 04 95 60 10 53
Ganzjährig täglich mittags und abends geöffnet
Meeresfrüchte, Fisch und anderes mit herrlichem Blick aufs Meer. €€–€€€

L'Abri des Flots ➡ D4
Le Port, L'Île Rousse
✆ 04 95 56 59 24
Mai–Okt.
Frischer Fisch. €€

Café des Platanes ➡ D4
Place Paoli, L'Île Rousse
Ganzjährig geöffnet
Bereits seit 1928 trinkt man hier seinen Aperitif. Von den Korbstühlen unter den Platanen aus hat man das »Herz« von L'Île Rousse im Blick. Schwarz-Weiß-Fotos zeigen, wie es früher hier zuging.

Le Pub's ➡ D4
Route de Calvi
L'Île Rousse
Mai–Sept. Sa und So ab 22 Uhr
Beliebte Diskothek.

Markt (Marché) ➡ D4
Place Paoli
L'Île Rousse
Tägl. 8–13 Uhr
Fisch und Landesprodukte werden in einer historischen Markthalle mit säulengetragenem Dach angeboten.

Ausflugsziele:

Strand von Lozari ➡ D4
10 km nördlich von L'Île Rousse

Badefreudige können mit Booten die verschiedenen weißen Strände in der Nähe der l'Île Rousse erkunden

Es ist einer der schönsten Badestrände der Westküste.

Zugfahrt nach Calvi ➡ E2
Route du Port, L'Île Rousse
Fahrplan unter: www.train-corse.com
Mai–Okt. mehrmals tägl.
Hin- und Rückfahrt ca. € 8
Fahrkarten am Bahnhof
Der Zug *(petit train)* hält an jedem der zahlreichen wunderschönen Strände unterwegs.

Durch die Dörfer und Olivenhaine der oberen Balagne ➡ D/E3/4
Die fruchtbare Landschaft wird auch »Garten Korsikas« genannt. Überall hat man herrliche Ausblicke aufs Meer.

Parc de Saleccia ➡ D4
Route de Bastia
Monticello
✆ 04 95 36 88 83
www.parc-saleccia.fr
Ende März–Anfang Okt. Mo–Fr 10–19 Uhr, Mo vormittags geschl.
Eintritt € 9/7, Familienticket € 25
Aus dem vom Feuer verwüsteten Olivenhain entstand auf 7 ha ein artenreicher botanischer Garten mit diversen Rundgängen und Kinderspielplatz.

Sant'Antonino ➡ D3
Gilt als das wildeste Dorf der Insel, ohne Straßen, aber mit viel Aussicht. Die schmalen Stiegen und steilen Gassen sind nur zu Fuß zugänglich.

Clos Antonini ➡ D3
Sant´Antonino, gegenüber vom Parkplatz an der Kirche
✆ 06 09 58 94 01
Nov.–März geschl.
In einem urigen Keller mit Holzbänken gibt es nicht nur kühlen Roséwein als erfrischenden Schoppen, sondern auch Zitronensaft.

Ein Kleinod romanisch-pisanischer Baukunst in Aregno: die Dreifaltigkeitskirche aus dem 12. Jahrhundert

Dreifaltigkeitskirche (Église de la Trinità) ➡ D3
Aregno
Romanisch-pisanische Kirche aus dem 12. Jh. mit wunderschönem polychromem Mauerwerk. Unter dem Giebel die Figur des »Dornenziehers«, die interpretiert wird als der Mensch, der sich von der Sünde befreit. Im Innern frisch restaurierte Fresken aus dem 15. Jh. Sie zeigen unter anderem die Kirchenlehrer Augustinus, Gregor, Hieronymus und Ambrosius.

Kunsthandwerkerdorf Pigna ➡ D3
In den Werkstätten kann man Instrumentenbauern, Graveuren, Töpfern und Holzschnitzern bei der Arbeit über die Schulter schauen und außerdem original korsisches Kunsthandwerk kaufen.

Casa Musicale ➡ D3
Im Unterdorf (ausgeschildert)
Pigna
✆ 04 95 61 77 31
Jan./Feb. geschl.
Restaurant mit traditioneller korsischer Musik (Juni–Sept. Di ab 22 Uhr). €€€

Calvi ➡ E2

Nach Calvi fährt man, um zu sehen, und vor allem, um gesehen zu werden. Mondän wie Saint-Tropez ist Calvi trotzdem nicht, auch sind die schicken Boutiquen und das Nachtleben nicht so teuer. Schöne Strände mit Pinienhainen säumen die Stadt mit der wuchtigen Zitadelle.

Die **Rue Georges Clémenceau** mit ihren zahlreichen Geschäften endet unterhalb des Kriegerdenkmals (Monument aux Morts). Hier liegt auch der Eingang zur jahrhundertelang unbezwingbaren genuesischen 8 **Zitadelle** ➡ cB3/4.

Über die schmale Straße, die rechts vom Place des Armes abzweigt, gelangt man zum **Oratoire Saint-Antoine** ➡ cB4, einer Kapelle mitten in der Häuserfront, die eine wertvolle Sammlung sakraler Gegenstände enthält, leider aber meist verschlossen ist. Eine andere Kirche hat tagsüber das Portal immer geöffnet. Dazu kehren wir zurück zum Place des Armes. Stufen führen an der Kaserne vorbei zur **Saint-Jean-Baptiste** ➡ cB4 aus dem 13. Jahrhundert. 1567 bekam ihr die Nachbarschaft zu den Kriegern schlecht, sie flog zusammen mit dem Pulverarsenal in die Luft, wurde aber 1570 wieder aufgebaut und durfte sich sechs Jahre später Kathedrale nennen.

Die Genuesen, Erbauer der trutzigen Festung ringsum, brachten Schätze her, darunter links neben dem Eingang ein Taufstein aus dem 16. Jahrhundert, Kreuze, die in der Karwoche von den Bruderschaften durch die Straßen getragen werden, und hinter Glas eine hölzerne Marienfigur, die je nach Anlass in blauen Taft oder schwarze Trauergewänder gekleidet wird.

Alle Farben und Schattierungen korsischen Marmors sind am Hauptaltar (17. Jh.) zu bewundern, in der Apsis findet sich ein Triptychon ohne Mittelteil, das von dem bedeutenden genuesischen Maler Barbagelata stammt. Darunter drängen sich drei Kinder um einen heiligen Nikolaus aus dem 16./17. Jahrhundert. Auf einem Seitenaltar rechts des Chors hat ein schwarzer »Christus der Wunder« aus Ebenholz seinen Platz. Er wurde auf die Stadtmauer gestellt, als im Jahr 1555 Franzosen und Türken die Festung erfolglos belagerten.

Calvi: Blick von der Zitadelle auf den Quai Landry

Die Stadt ist unerschütterlich der Überzeugung, dass im Jahr 1451 auf der Zitadelle Christoph Kolumbus geboren wurde. Auf die niedrigen Mauerreste dieses Geburtshauses stößt man, wenn man der Gasse an der Kirche Saint-Jean-Baptiste vorbei abwärts in nördlicher Richtung folgt.

Vom äußeren Ring der Zitadelle folgt man diesem weiter nach rechts und schaut von der Mauer aus hinunter auf den **Salzturm** ➡ cC3 (Tour du Sel), in dem früher die Salzvorräte aufbewahrt wurden. Dahinter cruisen Yachten und Segelboote, hin und wieder ist schon einmal ein Dreimaster darunter.

Steigt man die Stufen am Ausgang der Zitadelle Richtung Meer hinunter, entdeckt man an der Mauer einen Schiffsbug aus Granit mit einer Bronzebüste, die Kolumbus darstellt. Vom Kriegerdenkmal gegenüber ist es nicht weit hinunter zum **Quai Landry** ➡ cC2/3, der Promenade mit Bars, Restaurants und Cafés.

Tourist Information/ Office du Tourisme ➡ cC2
Port de Plaisance
20260 Calvi
✆ 04 95 65 16 67
www.calvi-tourisme.com
Juli–Sept. Mo–Fr 9–12 und 15.30–19.30, Sa/So 10–12 und 16–19.30, Okt.–Juni Mo–Fr 8.30–12 und 14–16 Uhr

Sainte-Marie-Majeure ➡ cC2
Place de l'Église (mitten in der Unterstadt), Calvi
Tägl. 8–12 und 14.30–18 Uhr
Eintritt frei
Kirche aus dem 18. Jh. mit einer wunderschönen Kuppel (19. Jh.).

Saint-Jean-Baptiste ➡ cB4
Place des Armes (Zitadelle), Calvi
Eintritt frei
Papst Gregor XIII. verlieh der Kirche, deren laternengekrönte Kuppel weithin sichtbar ist, im 16. Jh. die Würde einer Kathedrale. Marienstatue aus dem 16. Jh.

Kirchenfenster in der Sainte-Marie-Majeure in der Unterstadt Calvis

Oratoire Saint-Antoine ➡ cB4
Rue St.-Antoine (Südseite der Zitadelle), Calvi
Tägl. außer So Juli/Aug. 8–12 und 14–18, sonst 9–12 und 14–17 Uhr
Eintritt frei
Oratorium der gleichnamigen Bruderschaft mit Fresken aus dem 16. Jh. und Triptychon aus dem 17. Jh.

8 **Zitadelle/La Citadelle** ➡ cB3/4
Zugang beim Ehrenmal, Calvi
Eintritt frei
Wuchtige Befestigungsanlage der Genuesen (13.–18. Jh.), die über Jahrhunderte nicht erobert werden konnte; herrliche Ausblicke auf die Unterstadt und den Golf von Calvi.

Emile's ➡ cC3
Quai Landry, Calvi
✆ 04 95 65 09 60
April–Mitte Okt.
Das intime Restaurant ist eine Institution in Calvi und wurde gerade unter neuer Leitung wiedereröffnet. €€€–€€€€

Casa Vinu ➡ cC2
15, Boulevard Wilson, Calvi
✆ 04 95 31 37 09
Tägl. geöffnet
Kleines, freundliches Restaurant mit mediterranen Speisen und einer ausgezeichneten Auswahl korsischer Weine. €€–€€€

A Casetta ➡ cC3
16, rue Clémenceau, Calvi
✆ 04 95 65 32 15, tägl. geöffnet
Hier probiert man die große Vielfalt korsischer Wurst-, Schinken- und Käsespezialitäten auf üppigen kalten Platten. €€

Bar de la Tour ➡ cC3
Quai Landry, am Salzturm, Calvi
✆ 04 95 46 39 74, April–Nov.
Nette Adresse für den abendlichen Cocktail zu gemäßigten Preisen.

Chez Tao ➡ cB4
Route de la Citadelle, Calvi
✆ 04 95 65 00 73
www.cheztao.com
Ab 20 Uhr bis in Nacht
Legendärer Club seit 1935. Pianomusik und originelles Interieur, Gewölbe aus dem 16. Jh.

La Camargue ➡ E2
An der N 197 Richtung L'Île Rousse Calvi
Heiße Rhythmen für heiße Sommernächte.

Domaine Orsini ➡ E3
Clos Rochebelle (an der D 151 zwischen Calvi und Calenzana)
Calenzana
✆ 04 95 62 81 01
Tägl. außer So 9.30–12.30 und 14–19.30 Uhr
Weingut auf einem Hügel mit einer sehenswerten Probierstube, es gibt auch Liköre und Konfitüren.

Kletterpark A Scimia Calvese ➡ cB4
Im Pinienhain vor dem Ortseingang
✆ 06 83 39 69 06
www.altore.com
April–Okt. ganztägig, großer Parcours Eintritt € 18/15 (bis 14 J.), kleiner und mittlerer Parcours günstiger
Kletterpark in den Baumwipfeln für alle Schwierigkeitsgrade.

Feiertage und Feste
– **Prozession** und Verteilung des traditionellen Gebäcks *canistrelli* am **Gründonnerstag**
– **Granitula** und Kreuzwegprozession der Bruderschaften am **Karfreitag**
– **Jazzfestival** im Juni;
– **Patronatsfeste** am 15. und 30. Aug.
– **Wallfahrt** zur Kapelle Notre-Dame-de-la-Serra am 8. Sept.
– **Rencontres polyphoniques**, Treffen internationaler polyphoner Gesangsgruppen im Sept.;
Ausstellungen und Konzerte im

Graffiti
Auf Felsen, an Hauswänden, auf Mülltonnen und Mauern prangen sie, in der Nacht hastig hingemalte Buchstaben, Parolen in korsischer Sprache oder Symbole. Sie sind Ausdruck des unerfüllten Wunsches vieler Korsen nach mehr Autonomie, eine politische Demonstration mit der Sprühdose. »Terra corsa a i corsi« – die korsische Erde den Korsen steht da. »IFF – i francesi fora« – Franzosen raus. Oder es wird Freiheit für einen Untergrundkämpfer gefordert, der verhaftet wurde. Auch das Dreieck mit der verlängerten rechten Seite ist mehr als eine stilisierte Insel, es ist ein Symbol für ein unabhängiges Korsika.

Im 19. Jahrhundert errichtet: die römisch-katholische Kirche in Cargèse

Pulvermagazin (Poudrière) der Zitadelle;
– **Konzerte** in der Cathédrale Saint-Jean-Baptiste, der Église Sainte-Marie-Majeure und im Oratoire Saint-Antoine.

Ausflugsziele:

Bootsausflug ➡ cC4
Karten am Hafen bei Colombo Line, Calvi
✆ 04 95 65 32 10
www.colombo-line.com
März–Okt., Dauer ca. 6 Std., Hin- und Rückfahrt ca. €63, Kinder €32
Mit dem Boot an der Küste entlang durch den **Naturpark Scandola** mit schroffen Felsen, kleinen Buchten und Beobachtung von seltenen Vögeln wie dem Seeadler.

Wallfahrtskapelle Notre Dame de la Serra ➡ E2
Von der Oberstadt aus der D 81 Richtung Galeria ca. 3 km entlang der Küste folgen, dann links abzweigen und dem Hinweisschild entsprechend über ca. 1 km eine schmale Straße bergauf fahren (Einbahnverkehr!) bis zum Parkplatz, ab dort Fußweg hoch zur Kapelle
Bei der Kapelle bietet sich ein grandioser Ausblick auf Calvi und die Bucht. Anfang September finden Wallfahrt und Festlichkeiten zu Ehren Mariens statt, sonst ist die Kapelle aus dem 15. Jh. verschlossen.

Cargèse ➡ H1
700 Menschen – die Bewohner eines ganzen Dorfes auf dem Peloponnes – flohen 1676 vor den Türken an die Westküste Korsikas und gründeten das Dorf Paomina, von dem nur Ruinen übrig sind, sie bauten Wein an, züchteten Vieh und brachten es auf dem guten Weide- und Ackerland mit unermüdlichem Fleiß bald zu Wohlstand. Nicht für lange: Neid und die enge Beziehung der Griechen zu den verhassten Genuesen waren wohl die Gründe, dass Korsen vom Niolo und aus Vico (Vicu) schließlich nach etlichen Feindseligkeiten die Griechen 1731 vertrieben, ihre Häuser niederbrannten, die Felder verwüsteten und die Bevölkerung ins Meer jagten.

Die Flüchtlinge nahmen ihre Ikonen mit und suchten Zuflucht in Ajaccio, wo die Genuesen aus ihnen gleich drei Kompanien für ihre Kämpfe gegen die Korsen bildeten. Vier Jahre nachdem sie Korsika besetzt hatten, brachten schließlich die Franzosen die Griechen im Jahr 1774 nach Cargèse zurück und ließen sie Häuser und eine Kirche bauen. Der weiß getünchte, zwischen Kakteen und blühenden Büschen so griechisch anmutende Bau ist die **römisch-katholische Kirche**. Die zumindest von außen viel korsischer scheinende ist die katholische Kirche griechischen Ritus' **Sainte-Marie**. Mit dem Gottesdienst wechseln sich beide Kirchen ab.

Office de Tourisme ➡ H1
Rue du Dr. Dragacci
20130 Cargèse
✆ 04 95 26 41 31, www.cargese.net

Sainte-Marie ➡ H1
Cargèse
Nachfahren der griechischen Siedler, die 1676 als Flüchtlinge nach Korsika kamen, errichteten die griechisch-orthodoxe Kirche 1852–72. Im Kircheninneren befinden sich Ikonen vom Berg Athos, u.a. Johannes der Täufer mit Engelsschwingen (16. Jh.), Grablegung Christi (13. Jh.) und ein Gemälde griechischer Kirchenlehrer (17. Jh.).

Porto ➡ G2

Wenn man aus dem Norden kommt, wirkt der Golf von Porto, den die UNESCO als Naturerbe der Menschheit klassifizierte und damit den Niagarafällen an die Seite stellte, unberührt in seiner Schönheit. Porto selbst mit dem geborstenen Genuesenturm auf einer felsigen Halbinsel war ursprünglich nur der Fischerhafen des höher gelegenen Ota und ist nur eine Ansammlung von Hotels. Sehenswert sind die bizarren roten 9 **Porphyrfelsen der Calanques** sieben Kilometer südlich vom Ort Richtung Piana.

Tourist Information/ Office de Tourisme ➡ G2
Quartier de la Marine
20150 Porto

Der Teufel selbst soll bei ihrer Entstehung mitgewirkt haben: die roten Porphyrfelsen der Calanques nahe Piana

✆ 04 95 26 10 55
www.porto-tourisme.com
Mai–Okt. Mo–Fr 9–13 und 14.30–17.30 Uhr

Wachturm ➡ G2
Porto
✆ 04 95 26 10 55
April–Okt. tägl. 9–17.30 Uhr
Eintritt € 2,50, Tickets am Holzkiosk zu Füßen des Felsens
Der restaurierte pisanische Wachturm auf dem Felsen über dem Hafen stammt aus dem 11. Jh. und bietet einen Ausblick auf den Golf von Porto.

Le Sud ➡ G2
Marina, Porto
✆ 04 95 26 14 11
Mai–Sept.
Kleines, schickes Restaurant am Fuß des Genuesenturms, schöne Terrasse mit Blick auf den Golf. €€–€€€

Le Palmier ➡ G2
Auf der linken Seite der Marina Porto
✆ 04 95 26 14 48
April–Okt.
Auswahl von Tagesgerichten und Salaten in einem blühenden Garten unterhalb des Turms oder auf der Terrasse mit Meerblick. €€

9 Wanderungen durch die Calanques ➡ G2
Fünf markierte Wanderwege führen durch die bizarre Felsenlandschaft der Calanques. Man hat die Wahl: Die Touren dauern 2–6 Std. Informationen erteilt das Office de Tourisme.

Tauchschule Centre de plongée du Golfe de Porto ➡ G2
Am Hafen, Porto
✆ 04 95 26 10 29
www.plongeeporto.com
Tauchausflüge werden angeboten: ab € 38 für Taucher mit eigener Ausrüstung, sonst ab € 56.

Corte und die Castagniccia

Die imposante alpine Gipfelkette Zentralkorsikas, gekrönt vom höchsten Berg der Insel, dem **Monte Cinto** (2706 m), ist bis weit ins Frühjahr hinein von Schnee überzogen. Wildbäche stürzen sich zu Tal, Kiefernwälder bedecken die Hänge, hier und da Bergdörfer in den Farben des Gesteins. Dramatische Felsenschluchten zerklüften die Insel, zahlreiche Pfade, darunter mehrere Weitwanderwege, laden ein zum Wandern und Bergsteigen. Drei Straßenpässe verbinden die Ost- und die Westküste.

Auf den mittleren Höhen oberhalb der Ostküste findet man eine alte Kulturlandschaft mit grauen Häusern, Brunnen, 1000-jährigen, moosbewachsenen Baumriesen, Esskastanienwäldern und schönen Barockkirchen. Pasquale Paoli, der Korsika Mitte des 18. Jahrhunderts in die Unabhängigkeit führte, wurde in der Castagniccia geboren und machte Corte, heute eine quirlige Universitätsstadt, zur Hauptstadt des befreiten Korsika.

Corte ➡ G5

Rund 5000 Einwohner klein ist die Stadt, eingekesselt von hohen Bergen, gegen die sich die imposante Zitadelle auf ihrem Felssporn wie eine Sandkastenburg ausnimmt. Und doch ist Corte (Corti) für viele Korsen noch immer die eigentliche Hauptstadt. Während im 18. Jahrhundert sowohl Bastia als auch Ajaccio fest in genuesischer Hand lagen, war Corte 14 Jahre lang (1755–69) Regierungssitz der – fast – freien korsischen Nation.

Der **Cours Paoli**, die Hauptstraße, führt schnurgerade bergan zum größten Platz von Corte, dem **Place Paoli**, wo die Bronzestatue des Freiheitshelden, die der Bildhauer Oscar Huguenin

1864 schuf, einen Ehrenplatz einnimmt. Kein martialischer Held, der kriegerisch sein Schwert schwingt, sondern einer, der in der rechten Hand eine Schriftrolle hält: Paoli, der Aufklärer, der Förderer von Volksbildung und Wissenschaft, der Stifter der Verfassung. Schon früh besaß Corte, heute Standort weiterführender Schulen, ein Kolleg, wahrscheinlich in der Rue Scoliscia, die man zum **Place Gaffori** hinaufsteigt. Ghjuvan Petru (Gianpietro) Gaffori ist der zweite berühmte Freiheitsheld der Stadt, ein unermüdlicher Kämpfer gegen die Genuesen. Er steht in Bronze gegossen vor seinem ehemaligen Wohnhaus mit Einschüssen von 1750. Am Fuß des Denkmals beschreiben Reliefs die Taten seiner Frau Faustina.

Gegenüber dem Haus der Gafforis kann man in der **Église de l'Annonciation** von 1450 mit ihrer Fassade aus dem 17. Jahrhundert die Geburtsurkunde des heiligen Theophil, die holzgeschnitzte Kanzel und die Marienstatue aus Marmor (17. Jh.) in der Sakristei bewundern.

Von der Kirche aus links weisen Schilder zum **Belvédère**, oben angelangt öffnet sich ein Ausblick auf Corte, die beiden Täler von Restonica und Tavignano, vor allem aber erhebt sich der gewaltige 100 Meter hohe Fels mit der Zitadelle.

Wieder unten auf der Gasse passiert man links ein anderes

Die Hirten und die Freiheit

Man trifft sie überall, die korsischen Hirten mit ihren Herden. In den Bergen sind sie zu Fuß mit ihren Ziegen unterwegs, in der Ostküstenebene treiben sie nicht selten ihre bis zu 1000-köpfigen Schafherden mit dem Auto zum Melken. Aus der Milch wird jener würzige Käse gemacht, der in »Asterix auf Korsika« ein ganzes Piratenschiff zur Explosion bringt.

Jede Hirtenfamilie hat ihr eigenes Rezept und so gibt es auf der Insel unzählige verschiedene Käsesorten. Aber auch in den Supermärkten wird inzwischen korsischer Käse verkauft.

Früher verbrachten die Hirten die Sommermonate mit ihren Herden in den kühlen Bergen, im Winter zogen sie dann hinunter an die Küsten, wo es selbst im Januar und Februar nicht schneit und friert. Dieses Nomadenleben zwischen Gipfeln und Meer, die Transhumanz, gehört der Vergangenheit an. Doch Hirte zu sein und ein ungebundenes Leben zu führen reizt auch heute noch etliche junge Leute, obwohl einige aus der Not eine Tugend machen, denn im bergigen Inselinnern mangelt es an Arbeitsplätzen, und wer nicht auswandern will, dem bleiben wenig andere Möglichkeiten.

Hirten gelten auf Korsika als Hüter der Poesie und als Verkörperung der so hochgeschätzten Freiheit. Manche der jungen Hirten und Hirtinnen erblickten das Licht der Welt allerdings nicht auf Korsika, sondern in Paris, Düsseldorf oder Stockholm, und manche Touristin entdeckt ihr Herz für einen jungen Ziegenhirten: Viele sind mit Ausländerinnen verheiratet. Korsinnen schätzen die »anrüchige« Arbeit nicht sonderlich, sie wollen keinen Käse machen und haben lieber einen Ehemann, der pünktlich um 17 Uhr mit weißem Kragen aus dem Büro heimkommt.

Lange Zeit hieß es, dass häufig Hirten die Brandstifter seien: Sie wollten auf diese Weise Weideland gewinnen, denn aus den verkohlten Flächen beginnt im nächsten Jahr frisches Grün zu sprießen. Heute spielt das kaum noch eine Rolle.

Bauwerk, das für Corte und die korsische Geschichte wenigstens ebenso wichtig ist wie die alles überragende Zitadelle: der **Palazzu Naziunale**. Der Nationalpalast war 1755–69 Sitz der Paoli-Regierung, ab 1765 beherbergte er die erste korsische Universität. 1769, im Schicksalsjahr der korsischen Unabhängigkeit, als die Franzosen die Insel von Genua kauften und Paoli besiegten, schlossen sie als erstes die Universität.

In den 1970er Jahren wuchs der Druck auf die Regierung in Paris im Zuge eines wieder aufflammenden korsischen Bewusstseins und seit 1983 hat Corte wieder eine Universität mit mehr als 4000 Studenten. Die neuen Gebäudekomplexe liegen im Tal im Osten der Stadt, aber in der Altstadt ist das **Institut für korsische Studien** – ein stolzes Symbol insularen Selbstbewusstseins – untergebracht.

Angesichts dessen gedenkt man am **Place du Poilu** im Haus Nummer 1 nur mit einer schlichten Marmortafel der Geburt Joseph Bonapartes. Eben wegen dieses Selbstbewusstseins litten nicht nur die Einwohner von Corte darunter, dass ausgerechnet ihr Wahrzeichen, die **Zitadelle**, die im 9. Jahrhundert gebaut und 1419 von Vicentello d'Istria erweitert wurde, viele Jahre von Fremden besetzt war: von Genuesen, ungeliebten adeligen *Signori*, und dann von den Franzosen, deren König Ludwig XV. die Häuser und die Kapelle innerhalb der Mauern niederreißen ließ.

In den bedrückenden Kasematten sperrten die Franzosen politische Gefangene ein, italienische Faschisten nahmen sich im Zweiten Weltkrieg ein Beispiel daran und ließen korsische Patrioten in den feuchten und lichtlosen Verliesen verschwinden. Schließlich zog die Fremdenlegion ein und blieb bis 1962.

Einst Symbol der genuesischen Fremdherrschaft, heute Kulturzentrum: die Zitadelle von Corte

Heute wird ein Teil der Räume von der Universität genutzt, den größten Raum aber nimmt das **Musée de la Corse** (Museu di a Corsica) mit seiner anthropologischen Sammlung ein.

Nach dem Museumsbesuch lohnt es sich, die 166 ausgetretenen Stufen aus Restonica-Marmor zu den Befestigungsanlagen hinaufzusteigen und schließlich das »Adlernest« zu erklimmen. Der Ausblick auf die Stadt, die gelben Hügel gegenüber und die Bergriesen im Rücken ist fantastisch.

Tourist Information/ Office de Tourisme ➡ G5
In der Zitadelle
20250 Corte
✆ 04 95 46 26 70
www.corte-tourisme.com
Juli/Aug. tägl. 9–20, Juni und Sept. tägl. außer So 9–12 und 14–18, sonst Mo–Fr 9–12 und 14–18 Uhr

Musée de la Corse (Museu di a Corsica) ➡ G5
In der Zitadelle, Corte
✆ 04 95 45 25 45
www.musee-corse.com
Ende Juni–Ende Sept. tägl. 10–20, April–Juni und Okt. tägl. außer Mo 10–18, Nov./Dez. und Feb./März Di–Sa 10–17 Uhr, Jan. und an Feiertagen geschl.
Eintritt € 5,30/3, mit Führung oder Audio-Führung € 6,80, Kinder unter 10 J. frei
Die moderne Architektur fügt sich geschickt ins historische Ensemble der Zitadelle ein. Sammlung von Werkzeugen, Dokumenten, Kostümen, Fotos und Tondokumenten, die einen lebendigen Eindruck von Geschichte und Kultur der Insel vermitteln. Wechselnde Ausstellungen zu speziellen Themen.

Église de l'Annonciation ➡ G5
Place Gaffori, Corte
Die Pfarrkirche von 1450 wurde im 17. Jh. erweitert. Aus dieser Zeit stammen Kanzel und Kruzifix; weitere Ausstattungsstücke sind eine weiße Madonna aus Marmor (17. Jh.), der Altar aus Restonica-Marmor (19. Jh.), die Wachsfigur und eine Fotokopie der Geburtsurkunde des Ortsheiligen Saint-Théophile.

Palazzu Naziunale/ Palais National ➡ G5
Corte
Genuesisches Gebäude, 1755–69 Sitz der Paoli-Regierung. Der Palazzu Naziunale wird von der Universität genutzt.

Zitadelle/La Citadelle ➡ G5
Corte
Öffungszeiten wie Musée de la Corse
Museumsticket gilt auch für den Aufstieg zur Zitadelle
Der Pfad hinauf zur Zitadelle beginnt hinter der großen Glastür auf der linken Seite im ersten Stock des Museums. Im Sommer finden hier Theateraufführungen und Konzerte statt. Von den Befestigungsanlagen hat man eine großartige Aussicht auf Corte, die Täler und Berge der Umgebung.

Auberge de la Restonica ➡ G5
Route de la Restonica (D 623)
Corte
✆ 04 95 46 09 58, April–Okt.
Korsische Spezialitäten auf einer Terrasse mit Pool direkt über dem Wildbach. €€

Corte, die einstige Hauptstadt der Insel, ist für viele Korsen immer noch das Symbol des Widerstands gegen die Besatzungsmächte

Die Wanderungen in das malerische Tal der Restonica sind sehr beliebt

U Museu ➡ G5
1, rampe Ribanelle (unterhalb der Zitadelle), Corte
✆ 04 95 61 08 30
April–Okt., Nebensaison So geschl.
Das Restaurant nahe der Zitadelle bietet eine reiche Auswahl verschiedenster Gerichte. €–€€

Casa di u Legnu ➡ G5
Place Gaffori, Corte
✆ 04 95 47 05 52
April–Nov.
Handgeschnitztes Holzspielzeug, Obstschalen aus Olivenholz und Schnitzereien aus Zitrusholz werden hier verkauft.

Ausflugsziele:

Wanderung Bergerie de Grotelle – Lac de Melo – Lac de Capitello ➡ G/H4/5
Mit dem Auto ins idyllische ⑩ **Tal (Gorges) der Restonica** ➡ G5, ab Campingplatz Tuani eingeschränkter Verkehr, keine Wohnmobile, bei hohem Verkehrsaufkommen nur mit Shuttle weiter. Ab der Bergerie de Grotelle zu Fuß. (Wegen früher Dämmerung nur Mai–Okt. als Nachmittagstour zu empfehlen.)

Der Pfad ist gelb und orange markiert und führt in einer leichten Kletterpartie über eine Steilstufe (gelbe Markierung, Schild »Accès difficile«); leichtere Variante: nach ca. 30 Minuten links den Bach überqueren und der orangen Markierung (Schild »Accès facile«) folgen.
Bergerie de Grotelle–Lac de Melo, Dauer ca. 1–1½ Stunden, Höhenunterschied 400 m.

Lac de Melo–Lac de Capitello: auf der rechten Seite des Bachs auf gelb markiertem Pfad ca. 1 Stunde, Höhenunterschied 219 m.

Autotour Scala di Santa Régina – Calacuccia – Col de Verghio ➡ F/G3–5
Von Corte die D 18 nach Castirla (12 km), dann D 84 Richtung Calacuccia. 15 km kurvenreiche Straße durch die enge Felsenschlucht **Scala di Santa Regina** ➡ F4/5. Vorbei an der **Talsperre von Calacuccia** ➡ G4 durch das traditionelle Hirtenland Niolo. Die Straße steigt durch wunderschöne Kiefernwälder ca. 18 km immer höher bis zum höchsten Pass der Insel, dem **Col de Verghio** ➡ G3 (1467 m).

A Santa ➡ G4

Am 7. bis 9. September gibt es in **Casamaccioli** einen großen Hirtenmarkt *(fiera)* mit zahlreichen regionalen Spezialitäten. Prozession, abends traditioneller korsischer Gesang.

Morosaglia ➡ F6

Riesige Kastanienwälder gaben der Castagniccia ihren Namen. Das »grüne Herz« der Insel war ihre am dichtesten besiedelte Landschaft, ehe Kriege und Auswanderung die grauen Dörfer auf den Bergrücken entvölkerten.

Eine historische Entwicklung, die in gewisser Weise in **Morosaglia (Merusaglia)** ➡ F6 ihren Anfang nahm: Hier wurde Pasquale Paoli geboren, der die Korsen in den Freiheitskampf und letztendlich in eine bittere Niederlage führte. Sein Standbild blickt am Dorfeingang über die ersten grünen Berge der Castagniccia, seiner Heimat, hinüber zu den bis zum Frühsommer schneebedeckten Gipfeln über Corte.

Ein bescheidenes dörfliches Haus im Weiler Stretta ist das **Geburtshaus Pasquale Paolis**, des Mannes, der der kleinen Insel eine demokratische Verfassung und ein modernes Staatswesen gab, in dem die Bürger sich ihre Regierung selbst wählten und das die Gewaltenteilung zum Prinzip erhob.

In den Räumen ist ein Museum eingerichtet. Dokumente, Briefe Paolis, korsische Münzen, die er schlagen ließ, und seine Möbel sind dort ebenso zusammengetragen wie zwei Fahnen mit dem Mohrenkopf. Auf der einen trägt der Mohr wie ein Sklave oder Gefangener die weiße Binde über den Augen. Paoli rückte sie ihm wie einem Fürsten und Freien auf die Stirn, zum ersten Mal diente der Mohrenkopf als Symbol für Korsikas nationale Identität und Unabhängigkeit.

Heute verschwinden die Schiefermauern des Geburtshauses unter einer dicken, rosafarbenen Putzschicht. Das lange Zeit vernachlässigte, 1991 wiedereröffnete »Heiligtum des Unabhängigkeitsstrebens« wurde fein herausgeputzt, wie es sich für eine nationale – *pardon* – regionale Gedenkstätte gehört. Paoli blieb

Der kleine Ort Morosaglia

Der korsische Widerstandskämpfer Pasquale Paoli wacht heute als Statue über Morosaglia

selbst nach seinem Tod in London noch 100 Jahre von seiner Heimaterde verbannt, ehe er in der Kapelle neben seinem Wohnhaus beigesetzt wurde.

Neun Kilometer hinter Morosaglia bietet sich vom **Col de Prato** ➡ F6 ein erster weiter Blick über die Heimat der korsischen Freiheitskämpfer. Riesige Kastanienwälder bedeckten die Berghänge.

Musée Pasquale Paoli ➡ F6
Mososaglia, Ortsteil Stretta
✆ 04 95 61 04 97
www.haute-corse.fr
Mitte Mai–Sept. tägl. 9–12 und 13–18, Okt.–Mitte Mai tägl. außer So 8–12 und 13–17 Uhr
Eintritt € 2/1
Sammlung von Briefen, Dokumenten und Waffen des »Vaters des Vaterlandes«. Videofilm über den für Korsika bedeutendsten Mann und seine Zeit. In der Grabkapelle neben dem Museum ist Paoli beigesetzt.

Santa-Reparata ➡ F6
Morosaglia
Frühromanisch-pisanische polychrome Kirche mit einem Tympanon aus dem 12. Jh. (Westportal), volkstümlichem Kreuzweg aus dem 18. Jh. und einer Gedenktafel Clemens Paolis. Außerhalb der Gottesdienstzeiten ist die Kirche oft verschlossen.

Ausflugsziel:

Wanderung auf den Monte San Petrone ➡ F6
An der Passhöhe Col de Prato (985 m) beginnt rechts von der Straße der Weg zwischen zwei Gebäuden an der Imbissstube, Hinweisschild »San Petrone«. Es ist eine leichte Wanderung durch schattige Wälder, nur der Gipfelanstieg ist beschwerlicher. Der Weg ist mit roter Farbe und Steinmännern markiert (Aufstieg ca. 2½–3 Std., Abstieg ca. 1 Std.). Vom Gipfel des »Großen Petrus«, dem schönsten Aussichtsberg Korsikas mit seinen 1767 m, hat man einen grandiosen Rundblick auf die Castagniccia, das Cap Corse und die Gipfelkette des Hauptkamms.

Piedicroce ➡ F7

Oberhalb von Piedicroce gelangt man zu einem wichtigen religiösen Ort. Oder ist das **Kloster von Orezza (Couvent d'Orezza)** ➡ F7 ein politischer? Oder beides? Jedenfalls spielte es, wie alle Klöster in der Castagniccia, während der Kämpfe um die Unabhängigkeit im 18. Jahrhundert eine bedeutende Rolle, und damit sind wir wieder bei Paoli. Er wählte die Klöster als Versammlungsorte für die Volksvertreter, die *cunsulta*. Die Glocken vom Campanile, der das Tal von Orezza beherrscht, riefen nicht nur zum Gebet, sondern auch zu politischen Entscheidungen über Krieg, Frieden und das Schicksal der Insel. Die Klöster waren zentral gelegen, allen bekannt, und sie boten als Gotteshäuser Schutz vor etwaigen Feinden, die sich bis ins Inselinnere vorwagten.

Die Mönche, in Orezza waren es Franziskaner, machten mit, etliche aus Überzeugung oder wegen verwandtschaftlicher Bande wie Clemens Paoli, andere fügten sich wohl oder übel in die Umfunktionierung der Klöster in Zentren der Unabhängigkeitsbewegung. Paoli hatte als Aufklärer ein zwiespältiges Verhältnis zur Kirche: Etliche Klöster ließ er kurzerhand schließen. In Orezza arrangierte man sich.

Erst die Französische Revolution vertrieb die Mönche und die Deutschen zerstörten im Zweiten Weltkrieg den traditionsreichen Bau. Heute ragt noch ein Teil des Glockenturms efeubewachsen und einsturzgefährdet über die Ruinen der Klosterkirche, die man wegen Einsturzgefahr nicht betreten darf.

Syndicat d'Initiative de la Castagniccia ➡ F7
Maison des entreprises, im Zentrum, 20229 Piedicroce
✆ 04 95 33 38 21
www.castagniccia.fr
Okt.–Mai Mo–Fr 9–16, Sa 9–12, Juni–Sept Mo–Fr 9–18, Sa/So 9–16 Uhr

Couvent d'Orezza ➡ F7
An der D 71, Piedicroce
Im 15. Jh. als Franziskanerkloster erbaut nutzten es von 1732 an korsische Unabhängigkeitskämpfer als Versammlungsort. Mehrere Male hielten sie hier ihre Ratsversammlung *(cunsulta)* ab. Im Zweiten Weltkrieg diente das ehemalige Kloster italienischen Truppen als Munitionsdepot, bevor es in die Luft gesprengt wurde. Betreten verboten!

Le Refuge ➡ F7
Piedicroce
✆ 04 95 35 82 65
Okt./Nov. geschl., im Winter vorbestellen
Korsische Spezialitäten mit *brocciu* und Kastanienmehl. €€

Ponte Novu ➡ E6
Ist Corte die Hochburg korsischer Freiheitsliebe und Unabhängigkeit, so liegt im Tal des Golo deren Schicksalsort: Hier wurde im Jahr 1769 in der Schlacht von Ponte Novu (Ponte Nuovo) nach acht Jahren Demokratie unter den Milizen Paolis die korsische Nation und damit alle Hoffnung auf Eigenständigkeit besiegt. Rechts und links der Straße von Corte Richtung Bastia, wo heute auf den kahlgebrannten Hängen Ziegen notdürftig Futter finden, ging damals die Übermacht von 15 000 gut bewaffneten Franzosen in Stellung, um die aufrührerischen Anhänger des »Vaters des Vaterlandes« mit ihren ungeheuerlichen Ideen von Selbstbestimmung und Unabhängigkeit von der Insel, die König Ludwig XV. eben von Genua gekauft hatte, zu vertreiben. An der nächsten Golo-Brücke hinter Ponte-Leccia, Ponte Novu (Ponte Nuovo), verloren die Freiwilligen von Paolis Hirten- und Bauernheer die entscheidende Schlacht um die Freiheit der Insel. Verrat, heißt es, soll dabei mit im Spiel gewesen sein. Heute erinnert eine Gedenktafel an der im Zweiten Weltkrieg von deutschen Bomben zerstörten Brücke an das Ereignis.

Korsika gehört seither zu Frankreich – ein unseliger Anfang für eine schwierige Beziehung zum »Mutterland«, das von vielen Korsen eher als »böse« Stiefmutter erlebt wird. Umgekehrt stöhnt man in Paris über das *mal Corse*, das »korsische Übel«, also die widerspenstige Erwerbung im Mittelmeer, die Frankreich von Anfang an in jeder Beziehung teuer zu stehen kam.

Modelldorf
Ponte Novu, im Dorf an der RT 30
Im Garten seines Hauses hat ein Bewohner ein typisches nordwestkorsisches Modelldorf aus

Der Campanile der Barockkirche von La Porta gilt als der höchste Korsikas

winzigen Schiefersteinen gebaut, mit Genuesenturm, Schule, Kirche, Schmiede – und mit der (1769 noch nicht zerstörten) Brücke, auf der Pasquale Paoli mit der korsischen Fahne reitet.

La Porta ➡ F6/7

Vom Brunnen im Zentrum des Nachbarortes, des an der schmalen, abschüssigen D205 gelegenen Quercitello, eröffnet sich ein erster überraschender Ausblick auf La Porta im Tal. Danach führt die Straße in einer scharfen Kehre weiter hinunter durch Tunnel von Kastanienbäumen direkt auf den Dorfplatz von La Porta (A Purta).

Ein Blick auf die elegante, gelbe Fassade und ins Innere der Barockkirche **Saint-Jean-Baptiste** lohnt sich. Der Glockenturm, der vor seiner Renovierung zu den schönsten Baudenkmälern Korsikas gehörte, droht nun zwar nicht mehr zu verfallen, hat aber sein ursprüngliches Gesicht unter dem Verputz verloren.

Saint-Jean-Baptiste ➡ F6/7
La Porta
Barockkirche mit schöner Fassade von 1707 und einem markanten Glockenturm. Berühmte italienische Orgel aus dem 18. Jh., im Sommer finden hier Orgelkonzerte statt.

Nationalfrucht der Korsen: Vom Bier bis zur Süßspeise wird die Kastanie in verschiedenen Gerichten verwendet

Esskastanien

Die Esskastanie war lange Zeit der »Brotbaum« der Korsen. Er prägte die Kultur in den grünen Bergen im Norden der Insel. Heute wird nur noch ein kleiner Teil des herbstlichen Überflusses aufgesammelt, meist für den direkten Verbrauch. Doch in jüngster Zeit entdecken Bauern die Kastanie wieder und mahlen sie zu **Mehl**, der Grundlage für zahlreiche Spezialitäten der Gegend.

Die eigentliche Arbeit beginnt Mitte Oktober, wenn die Maroni reif sind. In Säcken schafft man die glänzenden braunen Kastanien ins Haus, wo ihnen tüchtig eingeheizt wird. Zu diesem Zweck breitet man sie auf einem Trockenboden, *rataghju*, aus, dessen rauchgeschwärzter Boden aus gespaltenen Kastanienästen besteht. Durch die Zwischenräume dringt ungehindert der Rauch des *fucone*, einer viereckigen Feuerstelle, in der während der Wintermonate ständig ein Schwelfeuer aus Kastanienholz brennt, das einen Monat lang nicht ausgehen darf.

Dann sind die Kastanien so trocken, dass sich ihre äußere Hülle ablösen lässt. Früher wurden sie dazu in Säcke gesteckt, die immer wieder auf einen Holzblock geschlagen wurden. Heute erleichtern Maschinen diese Arbeit. Selbst nach dieser Prozedur sind die Kerne noch immer nicht von allen rauen Schalen befreit, sodass ihre letzte Haut noch einmal im Ofen getrocknet werden muss, damit auch diese abgeschüttelt werden kann. Erst wenn die Kerne ganz weiß und hart sind, können sie weiterverarbeitet werden.

22 Gerichte aus Kastanienmehl gehörten in Valle-d'Alesani zu jedem Hochzeitsmahl, von dem festen Breikloß *pulenta* bis zu feinen Kuchen und Torten. In der Castagniccia, die mit 105 Einwohnern pro Quadratkilometer bis zu Anfang des 20. Jahrhunderts dicht bevölkert war, bewahrte der Kastanienbaum die Menschen vor den verheerenden Hungersnöten, die überall sonst in Europa grassierten. Seit den beiden Weltkriegen fehlen die Menschen für die Pflege der Wälder – statt 105 leben in der Castagniccia heute nur noch knapp zehn Einwohner auf einem Quadratkilometer, zu wenige, um die alten Haine zu pflegen und zu verjüngen. Eine Gallwespe *(cynipse),* die aus China eingeschleppt wurde, befällt die Maronenbäume und schwächt sie so, dass sie absterben. Als Gegenmittel setzte man eine andere Schlupfwespenart *(torymus)* aus, die die Larven der Gallwespe frisst. So versucht man die kulturell und ökologisch so wichtigen Kastanienwälder zu retten.

Restaurant l'Ampugnani
➡ F6/7
An der D 515, La Porta
✆ 04 95 39 22 00
April–Nov., in der Nebensaison Mo geschl., im Winter nur nach Voranmeldung
Reichhaltiges Menü mit korsischen Spezialitäten. €€

Rapaggio/Piazzole ➡ F7

Nicht weit von Piedicroce sprudelt im Talgrund bei **Rapaggio** ➡ F7 das Mineralwasser »Orezza« aus einer Quelle. Die D506 führt vorbei an einem längst vergessenen Hotel, dann sieht man schon die riesigen Platanen, die die flachen, lang gestreckten Gebäude der Abfüllstation beschatten. Das Tempelchen im Hof birgt die eigentliche Quelle. Rostrot schimmert die Fassung vom Eisen im kohlensäureprickelnden Wasser, das Orezza Anfang des 20. Jahrhunderts zu einem beliebten Kurort machte.

Einmal im Tal der Wasser von Orezza, die sich zum Fium'Alto vereinigen und zur Ostküste streben, sollte man noch sechs Kilometer weiter fahren und sich in **Piazzole** ➡ F7 eine bemerkenswerte Kirchentür anschauen. Man weiß zwar, dass sie 1774 entstanden ist, nicht aber, wer die Szenen schnitzte und bemalte. Ein reuiger Bandit? Wenn es so war, erging es ihm besser als seinem Kollegen mit der korsischen Mütze auf den farbigen Bildern der Tür: Der verlor nämlich seinen Kopf. Da konnte auch das aufgeregte Burgfräulein mit wehendem Schleier am spitzen Zuckertütenhut ganz oben an der Tür nicht mehr helfen. In Folelli erreicht man schließlich wieder die Ostküste.

Eaux d'Orezza ➡ F7
Rapaggio
✆ 04 95 39 10 00
www.orezza.fr
Eintritt frei
Die stark eisenhaltige Mineralquelle im Hof der Abfüllanlage des Tafelwassers »Orezza« ist frei zugänglich. ■

Die Bevölkerungsdichte der Castagniccia war im 19. Jahrhundert am höchsten, spätestens seit dem Zweiten Weltkrieg nimmt sie stetig ab

Korsika in Zahlen und Fakten

Relief an der Kirche San Parteo (Mariana)

Fläche: 8681 km^2, viertgrößte Mittelmeerinsel, Nord-Süd-Ausdehnung 183 km, Ost-West-Ausdehnung 83 km.
Meere: Korsika liegt im Mittelmeer, im Norden vom Ligurischen, im Osten vom Tyrrhenischen und im Westen vom Westlichen Mittelmeer umspült.
Küsten: 1034 km Küsten, davon 202 km in Naturparks.
Entfernung zum Festland: Zu Frankreich (Nizza) 180 km, zu Italien (Livorno) 83 km (zu Sardinien 12 km).
Gebirge: 86 % der Insel sind Bergland, nur 14 % Küstentiefland, die durchschnittliche Höhe beträgt 568 m, 50 Berge sind Zweitausender, der höchste Berg ist der Monte Cinto (2706 m).
Bevölkerung: ca. 330 000 Einwohner, davon knapp die Hälfte Korsen; 32 Einwohner pro km^2.
Wirtschaft: 40% des Bruttosozialprodukts werden durch Dienstleistung erwirtschaftet, 30% der Berufstätigen arbeiten in der Verwaltung. Der wichtigste Wirtschaftszweig ist der Tourismus, gefolgt von der Bauwirtschaft und von der Landwirtschaft.
Status: Gebietskörperschaft (CTU), die die beiden bisherigen Départements vereint. Hauptstadt und Sitz des Parlaments ist Ajaccio.

Anreise, Einreise

Trotz offener Grenzen ist die Mitnahme eines gültigen Reisepasses oder Personalausweises vorgeschrieben. Kinder bis 12 Jahre müssen einen Kinderreisepass mit Lichtbild bei sich führen. Die früheren Kinderausweise werden nicht mehr ausgestellt. An der Schweizer Grenze muss man sich weiterhin ausweisen.

Für die Mitnahme von **Hunden** und **Katzen** wird der Europäische Heimtierausweis benötigt, außerdem muss das Tier durch den Code eines Mikrochips oder durch eine Tätowierungsnummer gekennzeichnet und vor mindestens 30 Tagen, aber höchstens zwölf Monaten gegen Tollwut geimpft worden sein.

Mit dem Auto

Für Österreich braucht man eine Autobahnvignette, der Preis richtet sich nach der Gültigkeitsdauer (kleinste Einheit: 10 Tage). Es gibt sie bei Automobilclubs oder an Rasthöfen vor der Grenze. Auf der Brenner-Autobahn werden zusätzlich Mautgebühren verlangt, für die Schweiz ist in jedem Jahr eine neue Vignette erforderlich. Sie ist bei deutschen Automobilclubs oder an der Grenze erhältlich. Autobahngebühren, gestaffelt nach Fahrzeugtyp, werden auf den italienischen und französischen Autobahnen kassiert.

– **Durch Österreich:** von München über Innsbruck, den Brenner und Verona nach Livorno;
– **durch die Schweiz:** von Karlsruhe über Basel, Luzern, durch den St.-Gotthard-Tunnel, über Mailand nach Savona, Genua oder Livorno;
– **durch Frankreich:** von Freiburg über Mühlhausen, Besançon, Lyon nach Marseille, Toulon oder Nizza.

Mit der Fähre
Reservierungen sind unbedingt zu empfehlen. Die korsische Fährgesellschaft **Corsica Linea** fährt von **Marseille** ganzjährig täglich nach Bastia und Ajaccio sowie mehrmals wöchentlich nach L'Île Rousse und Porto-Vecchio. In der Saison wird auch Propriano angefahren. Die Überfahrt von Marseille nach Bastia dauert zehn Stunden, häufig gibt es Nachtpassagen. Fahrpläne, Preise und Buchungen bei:

Corsica Linea ➡ bD4
Nouveau Port
20200 Bastia
✆ 08 25 88 80 88
www.corsicalinea.com

Die italienische Linie **Corsica Ferries** fährt ganzjährig von **Savona** und **Livorno** nach Bastia, im Sommer auch nach Porto-Vecchio. Fähren verkehren von **Nizza** und **Toulon** nach Bastia, Ajaccio und L'Île Rousse, in der Saison mehrmals täglich zwischen **Livorno** und Bastia (Shuttle). Die Fahrzeit beträgt 4 Stunden.

Die Preise sind gestaffelt nach Fahrzeug und Saison, zu bestimmten Terminen gibt es auch Rabatte und Sonderangebote.

Corsica & Sardinia Ferries
Georgenstr. 38
80799 München
✆ (0180) 500 04 83
www.corsicaferries.com

Moby Lines fährt von Mitte Mai bis Ende September von **Nizza**, **Genua** und **Livorno** nach Bastia.

Moby Lines
Wilhelmstr. 36–38
65183 Wiesbaden
✆ (06 11) 14 02-0
www.mobylines.de

Stündlich fahren in der Saison kleine Autofähren der Gesellschaften **Blu Navy** und **Moby Lines** von Bonifacio nach **Sardinien**.

Blu Navy
✆ +39 05 65 26 97 10
blunavytraghetti.com

Mit dem Flugzeug
Direktflüge von Deutschland nach Korsika gibt es während der Saison als Charterreisen nach Calvi (www.calvi-aeroprt.fr), mit Eurowings von April bis Oktober von mehreren deutschen Städten nach Bastia (www.bastia-aeroport.fr).
Französische Fluggesellschaften fliegen von Paris und Nizza aus Ajaccio, Bastia und Calvi an: Air France und Air Corsica ganzjährig, Easy Jet und andere Billigflieger im Sommer und zu Feiertagen. Flugzeit Paris–Bastia 1½ Stunden.

Im Anflug auf Bonifacio/Korsika

Auskunft

In Deutschland:

Atout France – Französische Zentrale für Tourismus
Postfach 100128
D-60001 Frankfurt am Main
de.france.fr

In Österreich:

Atout France Österreich
✆ +43 (01) 503 28 92 (zum Ortstarif, Mo–Fr 9–16 Uhr)
at.france.fr

In der Schweiz:

Atout France Schweiz
Rennweg 42, 8021 CH-Zürich
✆ +41 (44) 217 46 01
ch.france.fr

Auf Korsika:

Agence de tourisme de la Corse ➡ aC4
17, bd. Du Roi Jérôme
F-20181 Ajaccio Cedex 01
✆ +33 (0)4 95 51 00 00
www.visit-corsica.com
Zuständig für ganz Korsika. Die Adressen der Tourismusbüros in den einzelnen Orten finden Sie unter den Vista Points.

Fédération Régionale des Offices de Tourisme et Syndicats d'Initiative de Corse ➡ G5
3, Place Saint Marcel, BP 111
F-20250 Corte
✆ +33(0)4 95 37 18 07

Automiete, Autofahren

Auf Korsika sind **internationale Leihwagenfirmen** wie AVIS, Hertz, Budget, Citer oder Europcar vertreten. Büros der Autovermieter gibt es an den Flughäfen, in Bastia, Ajaccio und Calvi sowie in einigen Badeorten. Automiete ist nur mit Kreditkarte möglich!

Obwohl etliche Straßen inzwischen gut ausgebaut sind, muss überall mit überraschenden **Hindernissen** wie Felsbrocken, frei laufenden Kühen oder Schweinen und Schlaglöchern gerechnet werden. Auf den kurvenreichen Berg- und Küstenstraßen gilt äußerste Vorsicht.

Wenn man mit dem eigenen Auto unterwegs ist, empfiehlt es sich, die **Grüne Versicherungskarte** mitzunehmen. Wer einen fremden Wagen fährt, benötigt eine Vollmacht.

Folgende **Tempolimits** gelten auf Korsika: für Pkw, Motorräder und Wohnmobile innerorts 50 km/h, auf Landstraßen 80 km/h. Bei Niederschlag, Schnee und in Tunneln muss mit **Abblendlicht** gefahren werden. Fahrzeuge im **Kreisverkehr** haben Vorfahrt. Wer nicht die nächste Ausfahrt aus dem Kreis nimmt, blinkt links. Zum Ausfahren wird rechts geblinkt.

Bei gelben, durchgezogenen Linien am Straßenrand besteht absolutes **Halteverbot**, bei gestrichelten Parkverbot; blau bedeutet Parken für Berechtigte.

Busspuren dürfen nicht befahren werden. Privates **Abschleppen** ist verboten, ebenso das **Telefonieren** ohne Freisprecheinrichtung. **Kinder** unter 10 Jahren müssen hinten sitzen. Es besteht **Helmpflicht** für motorisierte Zweiradfahrer und **Anschnallpflicht** für alle Fahrzeuginsassen. Warnwesten müssen mitgeführt werden.

Die **Bußgelder** sind in Frankreich wesentlich höher als in

Bedeutung von Verkehrs- und Hinweisschildern

Chaussée déformée	–	schlechte Fahrbahndecke
Déviation	–	Umleitung
Interdiction de stationner	–	Halten/Parken verboten
Passage interdit	–	Durchfahrt verboten
Ralentir	–	langsam fahren!
Rappel	–	Erinnerung, Mahnung
Sortie	–	Ausfahrt
Toutes Directions	–	alle Richtungen
Travaux	–	Baustelle

Deutschland. Bei Überschreitung der Promillegrenze sind bis zu € 4500 fällig, 20 km/h zu schnell oder Missachten einer roten Ampel hat € 100 Strafe zur Folge. Strafen werden auch durch deutsche Behörden vollstreckt.

Bei Personenschäden sollte man stets die **Polizei** rufen, Sachschäden werden in der Regel von der Polizei nicht dokumentiert.

Baden

Auf Korsika gibt es zahlreiche schöne Strände. Zu den bekanntesten zählen die Strände um **Porto-Vecchio** mit ihrem türkisblauen Wasser, aber auch zwischen **Calvi**, **Algajola** und **L'Île Rousse** locken der feine helle Sand und die durchweg gute Wasserqualität. Beliebte Ausflugszeile sind die weißen Strände von **Loto** und **Saleccia**, die von Saint-Florent bzw. L'Île Rousse aus mit dem Boot oder mit einem Allradfahrzeug zu erreichen sind.

So sehr die Gumpen der kristallklaren **Flüsse** zum Baden verlocken – hier ist Vorsicht geboten und oft ist das Baden aus guten Gründen nicht erlaubt. So werden einige Flüsse zur Energiegewinnung gestaut (z. B. Golo und Prunelli). Dann muss mit plötzlichen Flutwellen gerechnet werden, wenn Wasser abgelassen wird. In anderen Flüssen ist das Baden aus hygienischen Gründen verboten bzw. gefährlich. In einigen Flüssen im Süden kann man sich mit der Wurmkrankheit Bilharziose anstecken (z. B. Travu und Cavu). Verbotsschilder sollten unbedingt beachtet werden.

Diplomatische Vertretungen

In Deutschland:

Französische Botschaft
Pariser Platz 5, D-10117 Berlin
✆ (030) 590 03 90 00
de.ambafrance.org

In der Schweiz:

Ambassade de France
Schlosshaldenstr. 46, CH-3006 Bern
✆ (031) 359 21 11
ch.ambafrance.org

In Österreich:

Französische Botschaft
Technikerstr. 2, A-1040 Wien
✆ (01) 50 27 50
at.ambafrance.org

In Frankreich/auf Korsika:

Deutsches Generalkonsulat
Marseille
✆ 04 91 16 75 20 (Di, Do 13–15 Uhr)
https://allemagneenfrance.diplo.de

Schweizer Konsulat ➡ K2
38, cours Lucien Bonaparte
20000 Ajaccio
✆ 04 95 21 28 43

Kräftige Käsesorten sind eine Spezialität der Insel

Einkaufen

Es gibt keine gesetzlichen **Ladenöffnungszeiten**. Supermärkte sind oft Mo–Sa 8–20 Uhr geöffnet, die kleineren Geschäfte ganz unterschiedlich. Einige Bäckereien, Lebensmittelläden und große Supermärkte haben auch sonntagvormittags geöffnet.

Beliebte **Mitbringsel** sind in der Balagne **Schnitzereien** aus stark gemasertem Olivenholz wie Obstschalen, Holzschneidebretter oder Salatbestecke. Typisch für die Castagniccia sind **geflochtene Körbe** aus Kastanienspänen. **Korkprodukte** gibt es besonders im Süden: mit Kork verkleidete Flaschen, Gebäckschalen, Babyschuhe, Geldbörsen oder Korkpostkarten. **Webwaren** und **CDs mit korsischer Musik** bekommt man überall auf der Insel.

Beliebt sind auch allerhand landwirtschaftliche Produkte. **Honig** gibt es in zahlreichen Varianten. Dazu gehören der würzige Macchiahonig, der herbe Honig aus Kastanienblüten und der milde Frühlingshonig aus Clementinenblüten. **Likör** wird aus den Beeren der Myrte gemacht, ebenso aus den Kräutern der Macchia (Cap Corse), es gibt sogar einen Kastanienlikör. Unter den **Konfitüren** sind das Gelee aus den Früchten des Erdbeerbaums (*arbousier*), eine Marmelade aus der Zitrusfrucht *cedrat* und ein Mus aus Maronen besondere Spezialitäten. **Wein** gibt es auf der ganzen Insel in guter Qualität, etwas Besonderes ist der süße Dessertwein Muscat vom Cap Corse oder aus Patrimonio.

Die kräftigen korsischen **Käsesorten** und die deftigen **Würste** und **Schinken** aus dem Fleisch der halbwilden Schweine kauft man am besten auf dem Markt. Eine gute Auswahl bieten auch die Geschäfte für korsische Spezialitäten in größeren Städten wie Calvi, Ajaccio oder Bastia.

Weinernte in Patrimonio

Essen und Trinken

Die korsische Küche ist einfach und herzhaft, setzt absolut auf frische Zutaten und kann mit etlichen Spezialitäten aufwarten, die sich wie in jeder ländlichen Küche nach der Jahreszeit richten. Fast überall steht auf der Speisekarte ein »Menu Corse«. Die **Hauptmahlzeit** nimmt man in Korsika mittags ein. Längst haben sich aber die Restaurants auf den Geschmack der Urlauber eingestellt, die tagsüber lieber die Gegend erforschen und die Strände belagern, und bieten auch am Abend die komplette Speisekarte an. Einige Restaurants in den Tou-

Die roten Felsen der Calanques leuchten im Abendlicht

ristenorten schließen im Sommer während der Mittagszeit sogar ganz.

Ein Essen ist auf Korsika immer eine zeitaufwändige Angelegenheit: Drei bis vier Gänge gehören zu jedem Menü. Als Vorspeise wird oft *charcuterie Corse* serviert, geräucherte Würste und Schinken *(prisuttu, lonzu, coppa)*, an der Küste die Fischsuppe *aziminu*, die mit geröstetem Brot, Knoblauch und einer scharfen Mayonnaise gegessen wird. Manchmal gibt es auch die gehaltvolle *soupe Corse*, die Gemüsesuppe, als ersten Gang.

Das Hauptgericht hängt von Geschmack und Saison ab. Im Sommer ist an der Küste Fisch Trumpf, besonders begehrt sind Langusten, die an den Felsenküsten gefangen werden. Im Inneren kommt Kaninchen oder Kalbfleisch auf den Tisch. Das Fleisch stammt von frei laufenden Tieren, die eine Hormonspritze mit Sicherheit nicht einmal von weitem gesehen haben. Zicklein und Lamm gibt es vor allem vom Herbst bis zum Frühjahr, zur Jagdzeit kommen Wildgerichte dazu. Korsischer Schafs- oder Ziegenkäse bildet den Abschluss, manchmal gibt es stattdessen – oder zusätzlich – einen Nachtisch aus süßem Gebäck, bei dem gern Kastanienmehl oder *brocciu* (ein Molkenkäse aus Schafs- oder Ziegenmilch) verwendet wird, oft auch einen Korb mit frischem Obst. Ein starker, schwarzer Kaffee, manchmal mit einem Schuss Schnaps *(aqua vita* oder *eau-de-vie)*, weckt nach dem üppigen Mahl, das wenigstens zwei Stunden in Anspruch nimmt, die Lebensgeister für den Nachmittag oder für weitere Unternehmungen am Abend.

Wer es weniger opulent liebt, kann ein *plat du jour,* ein meist preiswertes Tagesgericht ohne Vor- und Nachspeise bestellen. Zum Essen wird gratis Wasser in der Karaffe serviert, wer Tafelwasser in der Flasche wünscht, muss es bezahlen.

So üppig – bis auf wenige Ausnahmen – ein korsisches Menü am Mittag oder Abend auch ist, so dürftig ist oft das **Frühstück:** eine Tasse Kaffee, ein Klecks Marmelade, etwas altbackenes Brot. Korsen sind Frühstücksmuffel, die sich selbst oft nur auf einen Kaffee beschränken. Im Hotel sollte man sich deshalb vorher nach der Beschaffenheit des Frühstücks erkundigen und, falls man von den

Aussichten nicht begeistert ist, den Kaffee am Morgen lieber mit frischen Croissants in einem Café einnehmen.

Den größten Teil ihrer **Weine** trinken die Korsen selbst. Sie wissen, warum! Acht Weinbauregionen genügen den strengen Anforderungen der A. O. C. *(Appellation d'Origine Contrôlée).* Über die Insel hinaus sind die Weine von Patrimonio berühmt. Auf dem Cap Corse gibt es fruchtige, trockene Weine, die gut zu Fisch passen (z. B. »Domaine Peretti«). Von der Sonne der Balagne profitieren ihre Weine (z. B. »Clos Reginu«), in Ajaccio trinkt man gern den »Vermentinu«, in Sartène milde Rotweine wie »Santa Barba« oder »Fiumiccicoli«.

Feiertage, Feste, Veranstaltungen

Gesetzliche Feiertage:
1. Januar – Neujahrstag *(Jour de l'An)*
Ostermontag *(Lundi de Pâques)*
1. Mai – Tag der Arbeit *(Fête du Travail)*
8. Mai – Ende des Zweiten Weltkriegs *(Armistice 1945)*

Symbol der Karwoche: geflochtene Palmblätter

Christi Himmelfahrt *(Ascension)*
14. Juli – Nationalfeiertag *(Fête Nationale)*
15. August – Mariä Himmelfahrt *(Assomption)*
1. November – Allerheiligen *(Toussaint)*
11. November – Ende des Ersten Weltkriegs *(Armistice 1918)*
25. Dezember – 1. Weihnachtstag *(Noël)*

In der **Karwoche** finden zahlreiche Prozessionen statt, so z.B. in Sartène und Bonifacio, der Karfreitag ist dennoch ein normaler Arbeitstag ebenso wie der Heiligabend.

Obwohl arbeitsfrei wird der 14. Juli als Nationalfeiertag zur Erinnerung an die Erstürmung der Bastille 1789 in Korsika nur mit mäßiger Begeisterung begangen. Zwar gibt es offizielle Feiern, die spärlichen Feuerwerke werden aber hauptsächlich von und für Festlandfranzosen veranstaltet.

Im **Juli/August** finden überall auf der Insel Musikfestivals, Märkte, Wein- und Lichterfeste statt. Auskunft erteilen die örtlichen Fremdenverkehrsbüros.

Am **15. August**, dem Geburtstag Napoleons, erreicht in der kaiserlichen Geburtsstadt Ajaccio die Begeisterung für den »großen Sohn« alljährlich ihren Höhepunkt. An vielen Orten Marienfeste.

Am **8. September** werden Wallfahrten veranstaltet und an vielen Orten finden Marienfeste statt, so in Casamaccioli, in Lavasina und bei Calvi (Notre-Dame-de-la-Serra).

Vor **Allerheiligen** werden an den Straßen Chrysanthemen für die Gräber verkauft und in der Dunkelheit leuchten überall auf den Friedhöfen Hunderte von Kerzen. Die Straßen von den Dörfern in die Städte sind von Autoschlangen heimkehrender Korsen verstopft, die die Gräber ihrer Angehörigen in den Dörfern besucht haben.

Am **11. November** feiert ganz Frankreich mit Kranzniederlegungen an den Kriegerdenkmälern den Waffenstillstandstag von 1918.

Weihnachten begeht man *en famille* mit einem Essen auf der Terrasse – wenn es noch warm genug ist. In manchen Orten wird auf dem Kirchplatz ein Feuer aus Wurzeln und Baumstubben *(bûches)* angezündet.

Paradiesische Zustände herrschen für Jecken: Das ganze Jahr über wird irgendwo **Karneval** gefeiert, wenn eine Schule, eine Stadt, ein Dorf Lust auf Mummenschanz und Ausgelassenheit hat.

Feiertage können mit dem darauf folgenden Wochenende zu einem *pont* verschmolzen werden, dann ist an den dazwischenliegenden Werktagen alles, von der Schule bis zu Behörden, geschlossen.

Einen guten und aktuellen Überblick über Feste, Märkte etc. bietet die Internetseite www.sortirencorse.com.

Feuer

Alljährlich werden auf der Insel Tausende Hektar Wald und Gebüsch ein Raub der Flammen. Es brennt hauptsächlich im Sommer, in trockenen Jahren auch schon im Frühjahr und noch im Herbst. Ursache sind meist Brandstiftungen, aber auch schlecht bewachte Rodungsfeuer. In der harzigen, ausgetrockneten Macchia hat schon ein Funken, ja sogar der Sonnenreflex einer weggeworfenen Glasflasche verheerende Folgen. Deshalb ist das wilde Campen auf ganz Korsika streng verboten, natürlich auch offenes Feuer. Patrouillen der Polizei und Feuerwehr führen strenge Kontrollen durch.

Wenn es brennt, sollte man das betroffene Gebiet weiträumig umfahren und nicht die Zufahrtswege der Feuerwehr blockieren. Ausrichten können die Männer mit den Löschfahrzeugen oft nicht viel, weil an den unwegsamen Hängen Hydranten fehlen und der Wasservorrat der Wagen nur klein ist. Sie beschränken sich darauf, Dörfer zu schützen und das Überspringen des Brandes über Straßen zu verhindern.

Über großen Flächenbränden, die manchmal tagelang wüten, werfen Löschflugzeuge ihre tonnenschwere Last aus Meerwasser ab. Besondere Vorsicht ist an Tagen geboten, an denen der starke Westwind *Libecciu* weht. Bei einer Wanderung oder Fahrt durch Waldgebiet sollte man immer auf Brandgeruch und Rauchwolken achten.

Geld, Kreditkarten

Die Banken sind meist an Werktagen 9–11.45 und 14–17 Uhr geöffnet. Geldautomaten sind fast überall vorhanden, die Akzeptanz von Kreditkarten ist recht verbreitet.

Hinweise für Menschen mit Handicap

Korsika ist leider noch nicht überall auf Menschen mit Behinderungen eingestellt. Auskunft gibt die korsische Organisation Handicap Tourisme et Loisir, www.handi20.com.

Internet

In den Städten wie Ajaccio gibt es verbreitet Zonen mit kostenfreiem WLAN, auch an Flughäfen, in Hafengebäuden etc. Fast alle Hotels bieten kostenfreies WLAN an.

Folgende Webseiten informieren über Korsika :
www.visit-corsica.com
www.paradisu.de
www.korsika-forum.de
www.toute-la-corse.com
www.corsica.net

Klima, Kleidung, Reisezeit

Richtig **Saison** hat Korsika eigentlich nur von Mitte Juli bis Ende August während der französischen Schulferien. Dann sind die Strände voll, im Restaurant muss man manchmal auf einen freien Tisch warten, der Service leidet unter der Hektik und die Fahrt auf den schmalen Küstenstraßen wird wegen des regen Verkehrs zum Abenteuer. Zimmer und Ferienwohnungen sind ohne Vorbestellung kaum zu haben, weil sie seit dem Vorjahr schon ausgebucht sind.

Im Sommer präsentiert sich Korsikas **kulturelles Leben** bunt und vielfältig mit Märkten, Konzerten, Ausstellungen, Festen und anderen Veranstaltungen. Für ein paar Wochen kehrt das Leben selbst in sonst beinah verlassene Bergdörfer zurück. Das Bild ändert sich schlagartig mit der Abreise der Verwandtschaft und der Sonnenhungrigen Anfang September. Dann gibt es überall freie Zimmer und Muße, dazu Sonnentage bis weit in den Herbst. Bis Ende Oktober ist das Meer mit 20 Grad noch warm genug zum Baden. Selbst der November hat mit durchschnittlich fünf täglichen Sonnenstunden noch schöne Tage, warm genug zum Essen auf der Terrasse. Junger Wein, reife Kastanien, Wildschweinbraten und andere herbstliche kulinarische Köstlichkeiten trösten über den einen oder anderen Regenschauer hinweg.

Allerdings sollte man sich bei der Auswahl der **Kleidung** für die Reise nicht nur von der Vorstellung einer Ferieninsel in südlicher Sonne leiten lassen. Zwar sind von Mai bis in den Herbst hinein die Tage heiß und die Abende lau – das gilt aber nur für die Küsten. Sobald man ins Gebirge kommt, herrschen andere Temperaturverhältnisse: Nicht umsonst flüchten die Einwohner von Bastia und Ajaccio in den »Hundstagen« in die Sommerfrische der höher gelegenen Dörfer. Oft trennt nur eine halbe Autostunde die heißen Küsten von 800 Meter hoch gelegenen Berggegenden. Dort kann es auch mitten im Sommer nach Sonnenuntergang empfindlich

In einigen Buchten auf Korsika muss man auf unerwartete Begegnungen gefasst sein

kühl werden, warme Kleidung sollte man deshalb auch im Juli und August nicht vergessen. Manchmal muss man besonders in den Bergen mit heftigen Sommergewittern und Nebel rechnen. Im Frühjahr und im Herbst folgen schon – oder noch – warmen Sonnentagen oft kalte Nächte.

Mückenschutz sollte im Gepäck nicht fehlen. Zwar gibt es auf Korsika keine Malariamücken mehr, aber in einigen Gegenden an den Küsten etliche ihrer harmloseren Artgenossen.

Angemessene Kleidung wird bei der Besichtigung von **Kirchen** erwartet. Verboten ist überall das Nacktbaden, außer in speziellen Feriendörfern *(village de vacance naturiste)* und an den dazugehörigen Stränden.

Medizinische Versorgung

Krankenkassen haben die **Europäische Krankenversicherungskarte** eingeführt *(European Health Insurance Card, EHIC)*, sie ersetzt für EU-Bürger bei Reisen in EU-Staaten den Auslandskrankenschein, wird aber meist nicht akzeptiert. Rechnungen von Ärzten, Zahnärzten und Apotheken müssen ohnehin bar bezahlt werden. Die Quittung kann dann bei der eigenen Krankenkasse eingereicht werden.

Zu empfehlen ist zusätzlich der Abschluss einer **Auslandsreisekrankenversicherung**, die z. B. auch den Rücktransport übernimmt. Manche Kreditkarten beinhalten bereits eine Reisekranken-, Rücktritts-, Gepäck- und Einkaufsversicherung.

Die Adressen deutschsprachiger Ärzte kann man bei den Automobilclubs erfragen. Den ärztlichen und zahnärztlichen Notdienst findet man unter der Rubrik »block-notes« in der Tageszeitung Corse-Matin.

Kinder können auf Korsika viel entdecken

Mit Kindern auf Korsika

Korsen sind im Allgemeinen recht kinderfreundlich, auch wenn sie die eigenen Kinder strenger zu Sauberkeit und Ordnung erziehen, als das bei uns gewöhnlich der Fall ist.

In den **Hotels** wird meist ohne große Umstände gegen geringen Aufpreis ein drittes (Kinder-) Bett ins Doppelzimmer geschoben. Kinderstühle wird man dagegen in Restaurants vergeblich suchen, auch Wickelräume gibt es selten.

Niemand wundert sich darüber, wenn im Sommer Kinder bis spät in die Nacht mit den Eltern essen gehen oder einen abendlichen Bummel unternehmen – die mittägliche Siesta macht den entgangenen Schlaf wieder wett. **Spielplätze** findet man nur in Feriendörfern, dort gibt es auch Animationsprogramme, die auf die kleinen Gäste abgestimmt sind.

Ideal zum Baden für Kinder sind die langen **Sandstrände** und das flache Wasser der Ostküste. Für kleine Tierfreunde lohnt sich ein Ausflug in den **Schildkrötenpark A cupulatta** in Vero nahe Ajaccio und ins **Meerwasseraquarium** von Porto. **Kletterparks** gibt es z. B. in Calvi und auf dem Col de Vizzavona. Auch **Bootsausflüge** (Bonifacio, Calvi) und eine Fahrt mit dem kleinen **Touristenzug** *petit train* in Bonifacio, Bastia oder Corte können Spaß machen.

Nachtleben

Ein richtiges Nachtleben findet auf Korsika nur in den Sommermonaten statt. Dann haben die Diskotheken bis in die Morgenstunden geöffnet. Getanzt wird unter freiem Himmel, es gibt zahlreiche Mottoparties. Auch in den Dörfern wird im Sommer häufig bis spät in die Nacht gefeiert. Korsische Musikgruppen sind überall auf der Insel auf Tournee, die Konzerte beginnen nicht vor 22 Uhr.

Naturpark

Ein Drittel der Insel gehört zum 350 500 Hektar großen **Parc naturel régional de Corse**. Sein oberstes Ziel ist die Erhaltung der grandiosen Natur, darunter der Golf von Porto mit seiner Unterwasserwelt und den Seeadlern auf der Halbinsel Scandola, aber auch der Monte Cinto (2706 m) und das Bavella-Massiv, wo die streng geschützten Mufflons und Adler leben, und ein großer Teil der Kastanienwälder der Castagniccia.
Aber nicht nur der Naturschutz wird großgeschrieben, sondern ein Ziel des 1972 geschaffenen Naturparks ist es auch, das Innere der Insel vor weiterer Abwanderung zu bewahren und wieder mit Leben zu erfüllen, vor allem indem der sanfte Tourismus gefördert wird. So erschließen 1500 Kilometer **Wanderwege** die Schönheiten des Naturparks zwischen Felsenküsten und Hochgebirge. Am bekanntesten ist der alpine Weitwanderweg **GR 20**.

Tyrrhenischer Laubfrosch

Andere Weitwanderwege sind die drei Varianten von **Mare a Mare** – von einer Küste zur anderen: von Moriani nach Cargèse, von Ghisonaccia nach Porticchio oder von Porto-Vecchio nach Propriano.

Der Weitwanderweg **Mare e Monti** – vom Meer durch die Berge – führt von Calenzana nach Cargèse bzw. von Porticcio nach Propriano. Der neuste Weitwanderweg folgt in sechs Etappen von Calenzana zur Hütte von Tuarelli im Niolo den Pfaden der Hirten zwischen Winterweide am Meer und Sommerweide in den Bergen.

Hinzu kommen viele gut ausgezeichnete **regionale Wanderwege**. 143 Dörfer gehören zum Naturpark, hier findet man einfache und preiswerte Übernachtungsmöglichkeiten und kleine Restaurants mit regionaler Küche. An den Weitwanderwegen stehen Berghütten zur Verfügung.

Services info du Parc naturel régional de Corse
19, av. Georges Pompidou, Imm. Faggianelli, 20700 Ajaccio Cedex 9
www.pnr.corsica

Notfälle, wichtige Rufnummern

Vorwahl Frankreich ✆ +33
Von Frankreich
nach Deutschland ✆ +49
nach Österreich ✆ +43
in die Schweiz ✆ +41

Unfall, medizinischer Notfall, Feuer ✆ 18
Polizeinotruf/Unfallrettung ✆ 112
Feuerwehr ✆ 112
Pannenhilfe AIT-Assistance ✆ 0800-08 92 22
Ambulanz ✆ 112
Seenotrettung ✆ 04 95 22 51 91
Tauchunfälle ✆ 04 95 20 13 63
Giftzentrale ✆ 04 95 20 13 63
Bergrettung ✆ 04 95 23 30 31

Öffnungszeiten

Die Öffnungszeiten von Geschäften und diversen Einrichtungen variieren je nach Saison: Im Sommer sind viele Geschäfte ganztägig von 8–20 Uhr geöffnet, außerhalb der Saison sind sie meist zwischen 12 und 14.30 Uhr geschlossen. In der Saison kann auch in vielen Geschäften am Sonntagvormittag eingekauft werden. Banken haben Mo–Fr 9–12 und 14–16 Uhr geöffnet, Behörden Mo–Fr 9–12 und 14–17 Uhr und die Post Mo–Fr 9–12 und 14–17, Sa 9–12 Uhr. Restaurants sind in der Saison 12–14.30 und 20–22 Uhr geöffnet. Außerhalb der Saison sind die Öffnungszeiten flexibel, auch das Saisonende wird je nach Nachfrage festgelegt und kann in einem Jahr bereits Mitte September, im nächsten Jahr Ende Oktober sein.

Post, Briefmarken

In jedem größeren Dorf gibt es eine Filiale der Post, gekennzeichnet durch den Schriftzug *La Poste*. Hier kann man Briefmarken kaufen; Postkarten und Briefe ins Ausland kosten € 1,30. In größeren Orten gibt es zwei Sorten von Briefkästen: einen für die jeweilige Stadt und einen, der mit *autres destinations* beschriftet ist. In diesen gehören alle anderen Briefe und Postkarten. Briefmarken bekommt man manchmal auch in Souvenir- und Tabakläden.

Presse

Täglich erscheint **Corse-Matin**, die korsische Regionalausgabe des liberal-konservativen französischen Nice-Matin in einer Auflage von rund 40 000 Exemplaren. Die Tageszeitung informiert über nationale und internationale Ereignisse und in einem Lokalteil über das Geschehen auf der Insel. Wetterbericht, Ankunfts- und Abfahrtszeiten von Schiffen, Eisenbahnen sowie Rufnummern verschiedener Notdienste sind ebenfalls zu finden. Sie ist überall auf der Insel erhältlich.

Außerdem gibt es verschiedene **Broschüren**, die lokalpolitisch und oft nationalistisch ausgerichtet sind.

Überregionale französische Zeitungen wie France-Soir, Le Figaro, Le Monde und **Zeitschriften** wie Paris-Match, Journal du Dimanche, Elle gibt es nur in den Geschäften und Kiosken *(presse)* größerer Orte. Dort und in Touristenorten erhält man vor allem während der Sommermonate auch große **deutsche Tageszeitungen** und Zeitschriften.

Hotelzimmer der gehobenen Preisklasse sind im Allgemeinen mit **Fernsehgeräten** ausgestattet, nicht immer empfangen sie deutsche TV-Sender. Bei großen internationalen Sportereignissen, besonders Fußballmeisterschaften, stellen viele Bars an diesen Abenden ein Gerät für ihre Gäste auf.

Rauchen

Rauchen ist in öffentlichen Gebäuden, Verkehrsmitteln und in Gaststätten verboten. Viele Bars und Restaurants haben für Raucher Tische im Freien aufgestellt.

Sicherheit

Die Kriminalität ist nicht höher als im übrigen Frankreich. Vor allem während der Sommermonate kommen in den Städten und Touristenorten immer wieder Diebstähle vor, besonders aus geparkten Autos. Handtasche und Fotoausrüstung sollte man grundsätzlich nicht im Auto liegen lassen. Falls etwas wegkommt, nimmt die nächstgelegene Gendarmeriestation die Anzeige auf und stellt gegebenenfalls die notwendige Bescheinigung für die Reisegepäckversicherung aus.

Vorsicht gilt für Wohnmobilbesitzer: Sie sollten nicht außerhalb von Campingplätzen übernachten!

Gelegentlich sind Urlauber von einem Streik betroffen, der Post, Handel oder die französischen Fähren blockiert. Oft handelt es sich nicht nur um einen Tarifkonflikt, sondern es spielen dabei auch politische Forderungen der Korsen an das »Mutterland« eine große Rolle. Italienische Schifffahrtslinien und deutsche Fluglinien sind meist ausgenommen.

Sport und Erholung

Wasser, Wind, Wälder und Berge eröffnen eine Vielzahl von Sportmöglichkeiten.

Ausflüge im Jeep abseits der Straßen
Die Natur der unterschiedlichen Regionen Korsikas kann man auch bei Jeep-Touren entdecken.

Natura Corsa
Lieu dit Conaja
20218 Pietralba
✆ 06 30 05 60 90
www.naturacorsa.fr

Bergsteigen und Wandern
Hoch hinaus geht es beim Bergsteigen und Klettern. Mit zahlreichen Gipfeln, die höher sind als 2000 Meter, ist die Insel ein Paradies für Alpinisten. Etliche Organisationen bieten geführte Bergtouren an. Hier eine Auswahl:

Objectif Nature ➡ östl.bC5
3, rue Notre Dame de Lourdes
20200 Bastia
✆ 06 12 28 52 84

Compagnie régionale des guides et accompagnateurs de Corse ➡ G4
Route de Cuccia, 20224 Calacuccia
✆ 04 95 48 10 43

A Montagnola ➡ L5
Fenajo di Santa Maria
20122 Quenza
✆ 04 95 78 65 19
www.a-montagnola.com

Flugsport
In die Luft gehen kann man u. a. bei den Aéroclubs an den Flughäfen von: Bastia (✆ 04 95 36 24 85), Ajaccio (✆ 04 95 22 35 00), Calvi (✆ 04 95 65 02 97) und Figari (✆ 04 95 71 00 44).

Meer und Berge bieten ausgezeichnete Bedingungen zum Gleitschirmfliegen. Schulen und Clubs findet man u. a. in Ajaccio, L'Île Rousse, Saint-Florent, Calacuccia, Cervione, Calvi, Canari, auf dem Cap Corse und in Evisa bei Porto.

Corse Hélicoptère ➡ K3
Campo dell'Oro, 20700 Ajaccio
✆ 04 95 22 54 35
www.corsehelicoptere.com

Fußball
Für Zuschauer kann ein Fußballspiel der Inselfavoriten SC Bastia oder AC Ajaccio zum Erlebnis des korsischen Temperaments werden. Infos unter: www.sc-bastia.net und www.ac-ajaccio.com.

Golf
Golf-Fans finden auf Korsika einige Möglichkeiten ein paar Bälle zu schlagen, z.B. in Speloncato (9-Loch), Porticcio (9-Loch), Borgo (9-Loch) und in Porto-Vecchio (6-Loch). Außerdem:

Golf de Sperone ➡ P6
Domaine de Sperone
20169 Bonifacio (Ostküste)
✆ 04 95 73 17 13
18 Löcher; gilt als einer der schönsten Golfplätze Europas.

Radfahren
Obwohl es steil bergauf und bergab geht, wird Fahrradfahren auf Korsika, vor allem seit 2013 die ersten drei Etappen der Tour de France hier stattfanden, immer beliebter – bei Urlaubern, nicht bei Korsen. Fahrräder, auch Mountainbikes, kann man in vielen Urlaubsorten mieten.

Reiten
Ausflüge auf dem Pferderücken werden an vielen Orten von Reiterhöfen organisiert. Das Angebot reicht von einstündigen Ausritten am Strand bis zu mehrtägigen Wanderritten durch die Kastanienwälder der Castagniccia oder in die Felsregionen am Bavella-Pass. Es gibt zahlreiche Reiterhöfe auf der Insel, so z. B. in Propriano, Sartène, Ajaccio, L'Île Rousse, Corte, Monticello in der Balagne und Croce in der Castagniccia. Adressen gibt es bei:

Comité Regionale de Tourisme Équestre en Corse ➡ G5
Pont de Papineschi
20250 Corte
✆ 06 22 74 24 38
www.tourisme-equestre-corse.com

Surfen und Segeln
Für Surfer und Segler weht oft eine kräftige Brise. Vermieter von Brettern und Booten sowie Surf- und Segelschulen gibt es in fast allen größeren Küstenorten: L'Île Rousse, Saint-Florent, Calvi, Ajaccio, Propriano, Bonifacio, Porto-Vecchio und an vielen Stränden entlang der Ostküste.

Company Nautique d'Ajaccio
➡ aD5
Port Tino Rossi, 20000 Ajaccio
✆ 04 95 21 40 43

Ligue Corse de Voile ➡ cD2/3
Port de plaisance, 20260 Calvi
✆ 04 95 65 10 65
www.voilecorse.com

Tauchen
Klares Wasser und eine abwechslungsreiche Flora und Fauna unter der Meeresoberfläche bieten ideale Voraussetzungen zum Tauchen. Besonders interessant ist die felsige Westküste. Es gibt viele Tauchclubs, so z. B. in Ajaccio, Bonifacio, Porticcio, Porto, Propriano, Sagone und in Porto-Vecchio und Solenzara an der Ostküste. Adressen erhält man bei:

Plongée du Grand Bleu ➡ J2
Hotel le Grand Bleu
20111 Calcatoggio
✆ 04 95 21 39 65
www.plongee-en-corse.fr

Centre de Plongée du Golfe de Porto ➡ G2
20150 Porto
✆ 04 95 26 10 29
www.plongeeporto.com

Jetski
Ausflüge mit und ohne Bootsführerschein:

Corsica Jet Ski Adventure
➡ H8
Marine de Bravone
20230 Linguizzetta
✆ 06 62 15 15 81
www.oriente-aventures.com

Kanu- und Wildwasserfahren
Wasser hat von den schneebedeckten Gipfeln der Zweitausender überall auf Korsika einen kurzen, steilen Weg zum Meer. So schwellen im Frühling Bäche und

Flüsse zu reißenden Wildwassern an. April und Mai sind für Geübte die hohe Zeit der Wildwasserfahrten auf Golo, Tavignano, Taravo und anderen Flüssen. Im Frühjahr finden internationale Kanurennen statt. Auskünfte erteilen:

Couleur Corse ➡ aC2
6, bd. Fred Scamaroni
20000 Ajaccio
✆ 04 95 10 52 83
www.couleur-corse.com

Cors'Aventure ➡ K3
Route de Sartène
20117 Eccica Suarella
✆ 04 95 25 91 19
www.corse-aventure.com

Canyoning
Für sportliche Leute bietet Korsika mit seinen stürmischen Flüssen, Kaskaden und schmalen Canyons auch die Möglichkeit zum Canyoning, das sich immer größerer Beliebtheit erfreut.

Aqua & Natura
20245 Solenzara
www.corse-canyoning-parc.com

In Terra Corsa
Lieu dit Baccario, RT 30
20218 Ponte Lecchia
✆ 04 95 47 69 48
www.interracorsa.com
Auch für Kinder ab 8 Jahren, die schwimmen können.

Corsica Natura
20219 Vizzavona
✆ 04 95 10 83 16
www.corsicanatura.fr

Wintersport
Für Freunde des Skilanglaufs oder des Ski alpin lohnt es sich in den Wintermonaten die Bretter einzupacken: Wintersportzentren mit Loipen gibt es in Evisa, Zicavo, Quenza und Val d´Ese, Abfahrtslauf in Bastelica, Haut-Asco und Ghisoni. Infos unter: www.montagnesdecorse.com.

Sprachhilfen

Ins Auge fallen dem Urlauber häufig die mit Farbe übermalten Ortsnamen auf Hinweisschildern. Da wird aus dem o am Ende von Loreto ein u, und statt La Porta heißt ein Dorf über Nacht A Purta.

A lingua nustrale – unsere Sprache – nennen die Korsen die eigentliche Sprache der Insel, das **Korsische**. Es ist kein Dialekt, sondern eine eigenständige Sprache, die am meisten dem Italienischen ähnelt, denn beide haben ihren Ursprung im Lateinischen. Einflüsse des Toskanischen aus der langen Herrschaftszeit von Pisanern und Genuesen sind unverkennbar.

Französisch wird auf Korsika dagegen erst seit rund 200 Jahren gesprochen – offiziell und

Doppelbrücke über den Calasima im Niolo

als Amtssprache. Kurz nach ihrer Eroberung der Insel verboten die Franzosen die korsische Sprache. Noch 1951 wurde sie nicht einmal als Regionalsprache anerkannt, in den Schulen durften die Kinder bis 1974 nur Französisch sprechen. Seitdem kann zwei Stunden in der Woche Korsisch unterrichtet werden, falls der Lehrer oder die Lehrerin dazu bereit und in der Lage ist. Erst in den letzten Jahren sind einige wenige bilinguale Grundschulen entstanden.

Trotz vielfältiger Unterdrückung ist das Korsische dennoch die eigentliche Muttersprache der Insulaner geblieben, vor allem in den Dörfern. Nur in Ajaccio, Bastia und in den Touristenorten hört man mehr Französisch als Korsisch. Mit dem neu erwachten Bewusstsein der korsischen Identität in den 1970er Jahren erlebte die korsische Sprache eine Renaissance bei den jungen Leuten.

Viele Korsen fordern den Unterricht in den Schulen zweisprachig zu gestalten. An Ämter und Behörden soll man sich in beiden Sprachen wenden dürfen – bisher wandern Anträge, die in korsischer Sprache gestellt werden, in den Papierkorb.

Die Erfolge der Forderungen sind noch mäßig: Es werden neue zweisprachige Orts- oder Hinweisschilder aufgestellt und auch das kartographische Institut IGN widmet auf Landkarten den alten Namen neuerdings mehr Aufmerksamkeit. Vorerst überwiegen allerdings die französischen Bezeichnungen. Um keine Verwirrung zu stiften, wurden sie deshalb in diesem Buch verwendet, korsische Ortsnamen wurden in Klammern hinzugefügt.

Immer beliebter wird es Restaurants oder Hotels korsische Namen zu geben. Auch auf der Speisekarte finden sich immer öfter die korsischen Bezeichnungen der regionalen Spezialitäten.

Gemächlich fließt der Solenzara dem Meer entgegen

Unerfüllt ist bisher die korsische Forderung nach offizieller Zweisprachigkeit: Die französische Verfassung kennt nur eine Nationalsprache. Vom Urlauber wird nicht erwartet, dass er Korsisch lernt. Italienisch wird wegen seiner Ähnlichkeit mit dem Korsischen fast überall verstanden. Selbst in größeren Orten muss man damit rechnen, dass weder Deutsch noch Englisch gesprochen wird. Einige Wörter und Redewendungen auf Französisch sollte man deshalb besser beherrschen, wenn man sich auf die Reise nach Korsika begibt.

Strom

220 Volt Wechselstrom. Ein Adapter für Steckdosen wird nicht benötigt.

Telefonieren

Öffentliche Fernsprecher gibt es nur noch sehr wenige, weil fast jeder ein Handy hat. Meist befinden sich diese im Zentrum größerer Städte. Sie erlauben Gespräche ins Ausland.

Auch bei Gesprächen innerhalb der Insel muss die **Vorwahl** 04 95 gewählt werden. Von Deutschland aus lautet die Frankreich-Vorwahl +33, dann folgt die korsische Nummer, die immer mit

4 95 (die Null entfällt) beginnt. Von Korsika nach Deutschland gilt die übliche Vorwahl +49 für Deutschland (+43 für Österreich, +41 für die Schweiz) und sofort danach folgen die Ortsvorwahl (ohne Null) und die Rufnummer des Teilnehmers. Verbindungen kommen meist sofort und problemlos zustande.

Die **Handynetze** auf Korsika sind gut ausgebaut, allerdings gibt es in den Bergen manchmal keinen Empfang.

Trinkgeld

Wenn die Rechnung oder die Preise auf der Speisekarte den Vermerk *service compris* tragen, ist das Trinkgeld schon im Endbetrag enthalten. Ansonsten rundet man den Betrag – genau wie bei uns – auf. Die Rechnung wird auf einem kleinen Teller serviert. Dort deponiert man das Geld, der Kellner nimmt beides mit und bringt das Wechselgeld auf dem Tellerchen zurück. Will man ein Trinkgeld geben, lässt man es auf diesem Teller liegen. Auf keinen Fall steckt man es der Bedienung zu. Auch den Kaffee oder eine Portion Eis im Straßencafé bezahlt man auf diese Weise.

Unterkunft

Zumindest an den Küsten, zum Teil aber auch im Inneren, sind neue Hotels entstanden, manchmal wurden alte Klöster oder Herrensitze zu stilvollen Herbergen mit modernem Komfort umgebaut, malerische alte Häuser renoviert oder im typischen Stil der Landschaft neu gebaut.

Die amtlichen **Kategorien** mit ein bis vier Sternen sind manchmal irreführend: Vielleicht wurde inzwischen modernisiert, der Besitzer hat gewechselt – oder ruht sich auf seinen Lorbeeren aus. Der Empfang in einem Ein-Sterne-Haus kann freundlicher und die *patronne* mehr auf das Wohl des Gastes bedacht sein, als das ein in der Saison überfordertes Personal eines großen Dreisternehotels zu leisten vermag. Das kleine Hotel mit atemberaubender Aussicht muss nicht unbedingt schlechter sein als der Neubau mit Swimmingpool, Telefon und Fernseher auf dem Zimmer.

In der Hochsaison ist es empfehlenswert, das Zimmer **vorzubestellen**. Reist man im Frühjahr oder Herbst, findet man auch unangemeldet Platz, besser ist es jedoch sich durch einen Anruf zu vergewissern, ob das Hotel schon – oder noch – geöffnet ist. Die Öffnungsperiode kann sich von Jahr zu Jahr ändern. Die meisten Hotels sind im Winter geschlossen. Ausnahmen bilden die Hotels in den Städten. Ist alles belegt, helfen die örtlichen Verkehrsämter weiter.

Einzelzimmer sind kaum zu finden, fast alle Hotels verfügen ausschließlich über Doppelzimmer, meist mit einem breiten *grand lit*, seltener mit zwei Betten *(deux lits oder twin)*.

Wer es sehr individuell liebt, Kontakt zu Einheimischen sucht und gern in Dörfern übernachtet, ist in den zahlreichen **Ferienwohnungen** *(gites)* gut aufgehoben. Oft sind alte Steinhäuser umgebaut worden. Sie werden wochenweise vermietet. Bed & Breakfast und Ferien auf dem Bauernhof gibt es nur in einigen Orten.

Verkehrsmittel

Eisenbahn

Von Bastia fahren alle Züge nach **Ponte Lecchia**. Hier gabeln sich die Schienen. Eine Strecke führt weiter nach **L'Île Rousse** und **Calvi**. Hier gibt es an vielen Stellen – z. B. an

Campingplätzen und Stränden – einen Halt auf Verlangen.

Die andere Strecke führt viermal täglich von Ponte Lecchia nach **Corte** und weiter quer über das korsische Hauptmassiv nach **Ajaccio**. Eine Eisenbahnfahrt auf dieser Strecke ist ein Erlebnis! Durch zahlreiche Tunnel und über schwindelerregende Viadukte keucht die kleine Bahn immer höher hinauf in die Berge. Aus dem Fenster bieten sich ständig neue Ausblicke auf Schneegipfel, malerische Bergdörfer und in tiefe Schluchten, in denen Wildbäche tosen. Hin und wieder blockieren frei laufende Kühe die Schienen. Auf der anderen Seite geht es dann in raschem Tempo wieder hinunter – in den Süden. Nicht nur die Architektur ist hier eine andere, sondern auch die Vegetation und häufig sogar das Wetter sind anders.

Die korsische Eisenbahn wurde 1870 gebaut, der Viadukt vor Vivario 140 m hoch über dem Tal des Vecchio wurde konstruiert von Gustave Eiffel, dem Erbauer des Eiffelturms. Die Pfeiler stehen 52 m auseinander.

Die einfache Fahrt Bastia–Ajaccio kostet € 24 und dauert ca. 4 Stunden, Bastia–Calvi € 18. Infos unter www.train-corse.com, Fahrpläne an den Bahnhöfen Bastia, Ajaccio, Corte.

Bus

Alle Buslinien sind in privater Hand und daher gezwungen, wirtschaftlich zu arbeiten. So verkehren Schnellbusse nur auf den am meisten befahrenen Strecken: an der Ostküste zwischen Bastia und Porto-Vecchio und zwischen Bastia und Ajaccio. An der Westküste verkehren zwischen Calvi und Ajaccio ebenfalls Fernbusse, aber deutlich seltener. Orte außerhalb dieser Strecken oder gar im Inselinnern sind oft mit Bussen nicht zu erreichen.

Einen Plan mit allen Buslinien erhält man in Bastia im Gare Maritime et Routière (am Fährhafen). Ansonsten gibt jede Busgesellschaft nur über ihre Strecken Auskunft. Auch das Tourismusbüro in Bastia informiert.

Die korsische Schmalspurbahn

Eurocorse Voyages
2000 Ajaccio, ✆ 04 95 21 06 30
www.eurocorse.com

Les Rapides Bleus
20137 Porto-Vecchio
✆ 04 95 72 35 57
www.rapides-bleus.com

Ceccaldi Voyages
2000 Ajaccio, ✆ 04 95 21 38 06
www.autocars-ceccaldi-ajaccio.fr

Beaux Voyages
20260 Calvi, ✆ 04 95 65 82 78
www.beauxvoyagesencorse.com

Zeitzone

Auf Korsika gilt die mitteleuropäische Zeit (MEZ) mit der entsprechenden Umstellung auf Sommerzeit von Ende März bis Ende Oktober.

Zoll

Innerhalb der EU gelten als steuerfreie Höchstmengen für den Eigenbedarf: 800 Zigaretten, 400 Zigarillos, 200 Zigarren, ein Kilo Tabak, zehn Liter Spirituosen, zehn Liter alkoholhaltige Süßgetränke, 90 Liter Wein (davon höchstens 60 l Schaumwein), 110 Liter Bier und zehn Kilo Kaffee. Für Nicht-EU-Staaten gelten geringere Mengen. ■

Die wichtigsten Wörter für unterwegs

Für den Alltag sind sie unerlässlich, die kleinen Floskeln und Redewendungen. Sie werden sehen: Höflichkeit öffnet Türen. Wenn Sie den Begrüßungs- und Dankformeln auch noch die entsprechende Anrede von Madame, Mademoiselle bzw. Monsieur hinzufügen (Bonjour Madame, Merci Monsieur), beherrschen Sie bereits einen beträchtlichen Teil der französischen Gepflogenheiten.

Alltag, Umgangsformen

Guten Tag	*Bonjour*
Guten Abend	*Bonsoir*
Gute Nacht	*Bonne nuit*
Freut mich, angenehm	*Enchanté*
Wie geht's?	*Ça va?* (Antwort: *Ça va.*)
Wie geht es Ihnen?	*Comment allez-vous?*
Haben Sie gut geschlafen?	*Vous avez bien dormi?*
Auf Wiedersehen	*Au revoir*
Gute Reise!	*Bon voyage!*
Hallo/Tschüss	*Salut*
Bis bald	*A bientôt*
Bis morgen	*A demain*
Einen schönen Tag/Abend (noch)!	*Bonne journée/soirée!*
Ebenfalls/Danke gleichfalls	*Vous de même*
ja, nein	*oui, non*
vielleicht	*peut-être*
Ich heiße…	*Je m'appelle…*
Wie ist Ihr/dein Name?	*Quel est votre/ton nom?*
Verzeihen Sie bitte/Verzeihung!	*Excusez-moi, s.v.p./Pardon* (*s.v.p. = s'il vous plaît*)
Vielen Dank!	*Je vous remercie/Merci beaucoup.*
Bitteschön/Keine Ursache	*Je vous en prie*

Falls Sie nicht alles verstehen (zugegeben: die Franzosen sprechen manchmal ganz schön schnell), können Sie sagen: *Je ne comprends pas. Parlez un peu plus lentement, s.v.p.* Wenn auch das nichts hilft, bleibt noch die Möglichkeit, sich das Gesagte aufschreiben zu lassen: *Voudriez-vous l'écrire, s.v.p.?*

Autofahren

Was auf Straßenschildern steht

le chantier	Baustelle
la déviation	Umleitung
le péage	Autobahngebühr
interdiction de se garer	Parkverbot
le danger	Gefahr
le verglas	Glatteis
Vous n'avez pas la priorité	Vorfahrt beachten
chaussée déformée	Straßenschäden
Gardez vos distances	Sicherheitsabstand wahren

Rund ums Auto

Mein Auto wurde gestohlen.	*On m'a volé ma voiture.*
Wo sind Sie versichert?	*Quelle est votre assurance?*
fahren	*conduire*
Ihren Führerschein, bitte.	*Votre permis, s.v.p.*
Vous allez beaucoup trop vite.	Sie fahren viel zu schnell.
Fahrzeugschein	*la carte grise*
la limitation de vitesse	Geschwindigkeitsbeschränkung
Parkscheinautomat	*le parcmètre*
Autobahn	*l'autoroute*
Kreuzung	*le carrefour*
Ampel	*le feu*
Parkplatz	*le parking*
parken	*garer la voiture*
Gurt	*la ceinture*
Tankstelle	*la station-service*
Benzin (Oktanzahlen verweisen auf Super- und Normalbenzin: 98 bzw. 95)	*l'essence*
bleifrei	*sans plomb*
Diesel	*le gazole*
Bitte volltanken.	*Le plein, s.v.p.*
Luft nachfüllen	*gonfler les pneus*
Stau	*le bouchon*
überholen	*dépasser*
Fahren Sie langsamer!	*Ralentissez!*
Bußgeld	*l'amende*
Strafzettel	*la contravention, le P.V.*
Zündkerze	*la bougie*
Zündung	*l'allumage*
Zündung einstellen	*réglage del'allumage*
Zündschlüssel	*la clef de contact*

In der Werkstatt	***Au service de dépannage***
Ich hatte einen Unfall.	*J'ai eu un accident.*
Ich habe eine Panne.	*Je suis tombé en panne.*
Das Getriebe ist kaputt.	*La boîte de vitesse ne marche plus.*
Ich habe einen Platten.	*J'ai crevé.*
Ich glaube, ich brauche einen neuen Anlasser.	*J'ai besoin d'un nouveau démarreur, je crois.*
Könnten Sie mich abschleppen?	*Pourriez-vous me remorquer, s.v.p.?*
Werkstatt	*le garage*
Öl, Ölstand	*l'huile, le niveau d'huile*
Einen Ölwechsel, bitte.	*Faites la vidange, s.v.p.*
Motor	*le moteur*
Reifen	*le pneu*
Scheibenwischer	*l'essuie-glace*
Windschutzscheibe	*le pare-brise*
Scheinwerfer	*le phare*

Einkaufen

Ich muss noch einkaufen.	*Je dois faire des courses.*
Geld	*l'argent*
Kasse	*la caisse*
bezahlen	*payer*
Preisreduzierung	*la réduction*
kaufen	*acheter*
verkaufen	*vendre*
Schaufenster	*la vitrine*
günstig, teuer	*bon marché, cher*
etwas mehr/weniger	*un peu plus/moins*
kleiner	*plus petit*
größer	*plus grand*
Ausverkauf, Schlussverkauf	*les soldes*
Wo finde ich die Kleidung?	*Où puis-je trouver les vêtements?*
Ich suche Milch.	*Je cherche du lait.*
Wie viel kostet dieser Pullover?	*Ce pull coûte combien?*
Ich brauche Socken.	*Je voudrais des chaussettes.*
Haben Sie Badeanzüge?	*Avez-vous des maillots de bain?*
Ich möchte diesen Rock anprobieren.	*Je voudrais essayer cette jupe.*
Wo sind die Umkleidekabinen?	*Où sont les cabines (d'essayage)?*
Nehmen Sie Kreditkarten?	*Prenez-vous des cartes de crédit?*
Welche Größe haben Sie?	*Quelle est votre taille?*
Ich trage Schuhgröße 40.	*Je fais du 40.*
ein Paar Schuhe	*une paire de chaussures*
Hemd	*la chemise*
Hose	*le pantalon*
Kleid	*la robe*
Strumpfhose	*les collants*
Unterwäsche	*les sous-vêtements*
Jacke	*la veste*

Farben	***Les couleurs***
blau	*bleu*
braun	*brun, marron*
gelb	*jaune*
grau	*gris*
grün	*vert*
rot	*rouge*
schwarz	*noir*
weiß	*blanc/blanche*

Essen und Trinken

Wo bekommt man's	
Bäckerei	*la boulangerie*
Konditorei	*la pâtisserie*
Metzgerei	*la boucherie/ la charcuterie*
Geschäft	*le magasin*
Markt	*le marché*
Lebensmittelgeschäft	*l'alimentation*
Supermarkt	*le supermarché*

Im Restaurant	***Au restaurant***
Die Karte, bitte.	*La carte, s.v.p.*
Getränkekarte/ Weinkarte	*la carte des boissons/des vins*
Möchten Sie einen Aperitif?	*Vous prenez l'apéritif?*
Haben Sie gewählt?	*Vous avez choisi?*
Ich nehme das Menü für 20 €.	*Je prends le menu à 20 €.*
Als Vorspeise nehme ich ...	*Comme entrée je prends ...*
Hauptspeise	*le plat principal*
Nachspeise	*le dessert*
Weißwein/Rotwein/Tafelwein	*le vin blanc/rouge/ de table*
Bier	*la bière*
Bier vom Fass	*la pression*
eine Karaffe Wasser (Leitungswasser, bekommt man in französischen Restaurants kostenlos dazu)	*une carafe d'eau*
Mineralwasser ohne Kohlensäure	*l'eau plate*
Mineralwasser mit Kohlensäure	*l'eau gazeuse*
schwarzer Kaffee	*le café*
Milchkaffee	*café au lait*
Kaffee mit geschlagener Milch	*café crème*

Schnaps, Magenbitter	*le digestif*
Hat es Ihnen geschmeckt?	*Vous avez bien mangé?*
Die Rechnung, bitte.	*L'addition, s.v.p.*
Trinkgeld	*le pourboire*
Rauchen verboten.	*Interdit de fumer.*
Bitte rufen Sie mir ein Taxi.	*Pouvez-vous m'appeler un taxi, s.v.p.*
Wo sind die Toiletten?	*Où sont les toilettes?*

Was auf der Speisekarte steht:

Le poisson	**Fisch**
les fruits de mer	Meeresfrüchte
huîtres	Austern
moules	Miesmuscheln
la crevette	Garnele
la sole	Seezunge
le saumon	Lachs
le thon	Thunfisch
la truite	Forelle

La viande	**Fleisch**
le poulet	Huhn
le canard	Ente
l'escalope	Schnitzel
les escargots	Schnecken
la côte d'agneau	Lammkotelett
la dinde	Pute
le bifteck	Steak
le steak haché	Hacksteak
le foie gras	Gänseleberpastete
le mouton	Hammelfleisch
le rôti	Braten
le veau	Kalbfleisch
le jambon	Schinken
la saucisse	Würstchen
le bœuf	Rindfleisch
le porc	Schweinefleisch

Les légumes	**Gemüse**
les asperges	Spargel
les épinards	Spinat
la choucroute	Sauerkraut
le champignon	Pilz
le haricot	Bohne
les petits pois	Erbsen
la pomme de terre	Kartoffel
le concombre	Gurke
le chou-fleur	Blumenkohl
les crudités	Rohkost
l'oignon	Zwiebel

Les fruits	**Obst**
la pomme	Apfel
la poire	Birne
la fraise	Erdbeere
la framboise	Himbeere
la pêche	Pfirsich
la prune	Pflaume
le pruneau	getrocknete Pflaume
le raisin (sec)	Traube (Rosine)

Les garnitures	**Beilagen**
pomme de terre	Kartoffel
pommes sautées	Bratkartoffeln
pommes vapeur	Salzkartoffeln
le riz	Reis
les nouilles	Nudeln
les pâtes	Teigwaren

La cuisson	**Zubereitungsarten**
à la vapeur	gedämpft
bleu	fast roh
saignant	blutig
à point	medium
bien cuit	gut durchgebraten

Divers	**Was es sonst noch gibt**
le lait	Milch
la crème	Sahne
la crème Chantilly	Schlagsahne
le fromage	Käse
le fromage blanc	Quark
les herbes	Kräuter
l'huile	Öl
le yaourt	Joghurt
les œufs	Eier
le beurre	Butter
les épices	Gewürze
l'ail	Knoblauch
le sucre, le sel	Zucker, Salz
le poivre	Pfeffer
le vinaigre	Essig
le miel	Honig
le lait longue conservation	H-Milch
la glace (Quel parfum?)	Eis (Welche Sorte?)

Beim Bäcker

In der Bäckerei *(boulangerie)* gibt es vor allem das klassische Stangenweißbrot. Größe und Gewicht variieren vom *pain* übers *baguette* bis zur *flûte* und *ficelle*. Letzteres besteht fast nur noch aus knuspriger Rinde, so dünn ist es. Darüber hinaus wächst aber auch in Frankreich das Interesse an dunklerem Brot aus Vollkornteig. Es heißt hier *pain complet*, ist jedoch mit dem, was man in Deutschland unter einem Vollkornbrot versteht, nicht zu vergleichen. Außerdem gibt's neben *croissants* und *pains au chocolat* z.B. *brioche* (Gebäck), *éclair* (Brandteig mit Pudding), *gâteau* (Kuchen) und *tarte* (Obstkuchen).

Kosmetik/Zeitungen/Post/Verkehrsmittel

Was Sie zur Körperpflege brauchen

Fön	*le sèche-cheveux*
Friseur	*le coiffeur*
Friseurin	*la coiffeuse*

Haarwaschmittel	*le shampooing*
Handtuch	*la serviette*
Kamm	*le peigne*
Lippenstift	*le rouge à lèvres*
Pinzette	*la pincette*
Rasierklingen	*les lames de rasoir*
Rasierschaum	*la crème à raser*
Seife	*le savon*
Sonnenmilch	*la crème antisolaire*
Taschentücher	*les mouchoirs*
Zahnbürste	*la brosse à dents*
Zahnpasta	*le dentifrice*

Zeitung	***La presse*** (findet man im *maison de la presse* oder im *tabac*)
Zeitung	*le journal*
Haben Sie deutsche Zeitungen?	*Avez-vous des journaux allemands?*

In der Bank	***À la banque***
Wo ist der nächste Geldautomat?	*Où est le distributeur de billets le plus proche?*
Ich brauche Kleingeld/Münzen.	*J'ai besoin de monnaie/pièces.*
Eine Unterschrift bitte.	*Une signature, s.v.p.*

In der Post	***À la poste***
Fünf Briefmarken für Postkarten, bitte.	*Cinq timbres pour des cartes postales, s.v.p.*
Briefkasten	*la boîte aux lettres*
(Blei-)Stift	*le crayon*
Umschlag	*l'enveloppe*
Paket	*le paquet*

Verkehrsmittel	***Transports***
Zug	*le train*
Bahnhof	*la gare*
Bus (Überlandbus)	*l'autobus, autocar*
Flugzeug	*l'avion*
Flughafen	*l'aéroport*
Fahrkarte	*billet*
Straßenbahn	*le tramway*
Schnellbahn	*RER Pariser*
Wo ist die nächste Métro-Station?	*Où est la station de métro plus proche?*
Wo muss ich aussteigen?	*Où faut-il descendre?*

Beim Arzt — *Chez le médecin*

Ich habe Halsschmerzen.	*J'ai mal à la gorge.*
Mir ist übel.	*J'ai mal au cœur.*
Er ist krank.	*Il est malade.*
Ich habe Bauch-/Kopfschmerzen.	*J'ai mal à l'estomac/à la tête.*
Sie ist erkältet.	*Elle est enrhumée.*
Meine Frau ist schwanger.	*Ma femme est enceinte.*
Stellen Sie mir bitte ein Rezept aus.	*Faites-moi une ordonnance, s.v.p.*
Machen Sie bitte den Mund auf.	*Ouvrez la bouche, s.v.p.*
Arm	*le bras*
Bein	*la jambe*
Hand	*la main*
Auge, die Augen	*l'œil, les yeux*
Ohr	*l'oreille*
Fuß	*le pied*
Herz	*le cœur*
Unfall	*l'accident*
Krankenwagen	*l'ambulance*
Zahnarzt	*le dentiste*
Durchfall	*la diarrhée*
Tablette	*le cachet/ le comprimé*
Schmerz	*la douleur*
Fieber	*la fièvre*
Apotheke	*la pharmacie*
Spritze	*la piqûre*
husten, Husten	*tousser, la toux*
impfen	*vacciner*

Wo? Wie? Was? – Orientierung

Wie man nach dem Weg fragt (und die Antwort versteht)	
Könnten Sie mir helfen?	*Pourriez-vous m'aider, s.v.p.?*
Kennen Sie das Moulin Rouge?	*Connaissez-vous le Moulin Rouge?*
Ist das weit von hier?	*C'est loin d'ici?*
Wo ist der Ausgang?	*Où est la sortie?*
Ich habe mich verlaufen.	*Je me suis perdu.*
Wie komme ich zum Montmartre?	*Quel chemin faut-il prendre pour aller à Montmartre?*
(nach) links	*à gauche*
(nach) rechts	*à droite*
geradeaus	*tout droit*

Welche Sehenswürdigkeiten gibt es in der Stadt?	
Brücke	*le pont*
Schloss	*le château*
Haus	*la maison*
Brunnen	*la fontaine*
Denkmal	*le monument*
Fluss	*la rivière*
Kirche	*l'église* (f)
Museum	*le musée*
Rathaus	*l'hôtel de ville* (m)
Turm	*la tour*

Telefonieren	***Téléphoner***
Bleiben Sie dran!	*Ne quittez pas!*
Es ist besetzt.	*C'est occupé.*
Ich möchte gern Herrn… sprechen.	*J'aimerais parler à Monsieur….*
Ist er da?	*Est-ce qu'il est là?*
Ich werde es später noch einmal versuchen.	*J'essayerai plus tard.*
jemanden anrufen	*appeler quelqu'un*
Kann er mich zurückrufen?	*Peut-il me rappeller?*
einen Anruf machen	*donner un coup de téléphone*
Telefonzelle	*la cabine de téléphone*
Telefonkarte	*la carte de téléphone*
Mobiltelefon	*le cellulaire*

Internet	
App	*l'appli*
Haben Sie WLAN?	*Avez-vous accès Wi-Fi?*
Ich habe kein Signal.	*Je n'ai pas de réseau.*
WLAN-Passwort	*le mot de passe Wi-Fi*
Drucker	*l'imprimante*
Tastatur	*la clavier*
Anhang	*l'annexe*
herunterladen	*télécharger*
sich verbinden mit	*connecter à*
At-Zeichen (@)	*a commercial*

Unterkunft	***Se loger***
Hätten Sie ein Zimmer für zwei Personen?	*Auriez-vous une chambre pour deux personnes?*
für eine Nacht, mit einem Doppelbett	*pour une nuit, avec un grand lit*
oder zwei Betten.	*ou deux lits.*
mit einem Zusatzbett für unser Kind.	*avec un lit supplémentaire pour notre enfant*
Kann ich es sehen?	*Puis-je la voir?*
Ich habe ein Zimmer reserviert.	*J'avais retenu une chambre.*
Wann gibt es Frühstück?	*A quelle heure sert-on le petit déjeuner?*
mit Frühstück	*avec petit déjeuner*
mit Halbpension	*avec demi-pension*
Wecken Sie mich bitte um sieben Uhr.	*Réveillez-moi à sept heures du matin, s.v.p.*
Den Schlüssel für Zimmer 10, bitte.	*La clé numéro dix, s.v.p.*
Wir reisen morgen/übermorgen ab.	*Nous partirons demain/dans deux jours.*
Waschbecken	*le lavabo*
Badezimmer	*la salle de bains*
Lift	*l'ascenseur*
Zelt	*la tente*

Wetter — *Le temps*

Wie ist das Wetter?	*Quel temps fait-il?*
die Wettervorhersage	*la météo*
Heute ist schönes Wetter.	*Il fait beau aujourd'hui.*
Welch eine Hitze!	*Quelle chaleur!*
Ich friere.	*J'ai froid.*
Die Sonne scheint.	*Le soleil brille.*
Der Himmel ist bewölkt.	*Le ciel est couvert.*
Wolken	*les nuages*
Schnee, es schneit.	*la neige, il neige*
Regenschirm	*le parapluie*
Es regnet	*Il pleut*
Nebel	*le brouillard*
Gewitter	*l'orage*
Sturm	*le tempête*
schwül	*lourd*

Zahlen — *Les chiffres*

null	*zéro*
eins	*un*
zwei	*deux*
drei	*trois*
vier	*quatre*
fünf	*cinq*
sechs	*six*
sieben	*sept*
acht	*huit*
neun	*neuf*
zehn	*dix*
elf	*onze*
zwölf	*douze*
dreizehn	*treize*
vierzehn	*quatorze*
fünfzehn	*quinze*
sechzehn	*seize*
siebzehn	*dix-sept*
achtzehn	*dix-huit*
neunzehn	*dix-neuf*
zwanzig	*vingt*
einundzwanzig	*vingt-et-un*
zweiundzwanzig	*vingt-deux*
dreißig	*trente*
vierzig	*quarante*
fünfzig	*cinquante*
sechzig	*soixante*
siebzig	*soixante-dix*
achtzig	*quatre-vingt*
neunzig	*quatre-vingt-dix*
hundert	*cent*
tausend	*mille*

Kalender/Zeitangaben — *la date*

Montag	*lundi*
Dienstag	*mardi*
Mittwoch	*mercredi*

Donnerstag	*jeudi*
Freitag	*vendredi*
Samstag	*samedi*
Sonntag	*dimanche*
Wochenende	*week-end*

Uhrzeit	***l'heure***
Wie viel Uhr ist es?	*Quelle heure est-il?*
Es ist halb zehn, viertel vor zehn	*Il est neuf heures et demi, dix heures moins*
viertel nach acht.	*huit le quart, heures et quart.*
Um wie viel Uhr beginnt das Theater?	*A quelle heure commence la pièce?*
Um acht Uhr (abends).	*A huit heures du soir.*

bis Mitternacht	*jus'qu à minuit*
im Morgengrauen	*à l'aube*
heute	*aujourd'hui*
morgen	*demain*
übermorgen	*après-demain*
gestern	*hier*

Januar	*janvier*
Februar	*février*
März	*mars*
April	*avril*
Mai	*mai*
Juni	*Juin*
Juli	*juillet*
August	*août*
September	*septembre*
Oktober	*octobre*
November	*novembre*
Dezember	*décembre* ■

Markante Felsformation Calanche im Regionalen Naturpark Korsika

Die **fetten** Seitenzahlen verweisen auf ausführliche Erwähnungen, *kursiv* gesetzte Begriffe bzw. Seitenzahlen beziehen sich auf den Service.

Christophe Boisvieux/Bilderberg, Hamburg: S. 30
Thomas Ernsting/Bilderberg, Hamburg: S. 59
Fotolia/Ariane Citron: S. 32 u.; Freesurf: S. 3 o. l., 34; Beatrice Heerwagen: S. 52; lettas: S. 81; Pecold: S. 35; pkazmierczak: S. 55; seb_hovaguimian: S. 2 o. l.
Mara K. Fuhrmann, Monreal: Schmutztitel (S. 1), 65
Herbert Hartmann, München: S. 45
iStockphoto/alxpin: S. 4/5, 13,14, 44; aprott: S. 31; benslimanhassan: S. 67; beusbeus: S. 69; charmedesign: S. 42; Freeartist: S. 60; Gwenvidig: S. 26; joningall: S. 48, 61, 91; JurgaR: S. 47; helovi: S. 43; hardyuno: S. 32 o.; Mor65: S. 39, 82; picturedesigner: S. 85; Pierrot46: S. 21 u.; RnDmS: S. 16, 24; Michelle Salter: S. 46; Sasha64f: S. 56; Evgeny Sergeev: S. 40; thibault_a: S. 33; travnikovstudio: S. 3 o. Mitte, 12, 36, 77
Monika Siegfried-Hagenow, Bergneustadt: S. 2 o. Mitte, 2 o. r., 11 o., 15, 17, 19, 20, 25, 27 u., 28, 29, 51, 68, 72 u., 74
Pawel Kazmierczak/shutterstock.com: S. 23 o.
Shutterstock/HartmutAlbert: S. 3 o. r., 9; bensliman hassan: S. 62
VISTA POINT Verlag (Archiv), Rheinbreitbach: S. 6, 7 o., 7 u., 8 o., 8 u., 10, 11 u., 21 o., 23 u., 37, 46, 6 u., 70 u., 72 o., 75
www.pixelio.de: S. 54, 66, 73, 76, 78, 83
Wikipedia (CC BY-SA 3.0)/Bruno Barral: S. 50, 63; Pierre Bona: S. 27 o., 53

Schmutztitel (S. 1): Esel im Doppelpack
Seite 2/3 (v. l. n. r.): Bastia; halbwilde Schweine am Monte Petrone; San Michele bei Murato; Altstadt von Bonifacio; Boote an der Steilküste Bonifacios; Wachturm an der korsischen Küste

7., aktualisierte Auflage 2020

Reihenkonzeption: Andreas Schulz & VISTA POINT-Team
Bildredaktion: Bettina Hamann
Lektorat: JB Bild | Text | Satz
Layout und Herstellung: Kerstin Hülsebusch-Pfau
Reproduktionen: Henning Rohm, Köln; Noch & Noch, Datteln
Kartographie: Huber Kartographie GmbH, Unterschleißheim
Druckerei: Colorprint Offset Limited, Unit 2108, 21/F, Hang Seng North Point Building, 339 King's Road, North Point, Hong Kong
VP10XIX

ISBN 978-3-96141-455-0

An unsere Leser!
Die Informationen dieses Buches wurden gewissenhaft recherchiert und von der Verlagsredaktion sorgfältig überprüft. Nichtsdestoweniger sind inhaltliche Fehler nicht immer zu vermeiden. Für diese übernimmt der Verlag keine Haftung. Für Ihre Korrekturen und Ergänzungsvorschläge sind wir dankbar.

VISTA POINT Verlag
Rolandsecker Weg 30 · 53619 Rheinbreitbach
Telefon: +49 (0)2224/7792-0 · Fax: +49 (0)2224/7792-100
info@vistapoint.de · www.vistapoint.de · www.facebook.de/vistapoint

Zeichenerklärung

In diesem Reiseführer werden folgende Symbole verwendet:

Information

Museum, Galerie

Sehenswürdigkeit

Sightseeing, Tour

Wanderung, Hiking

Aussichtspunkt

Naturschutzgebiet

Botanischer Garten

Vogelbeobachtung

Schildkrötenfarm

Aquarium, Angelfahrt

Hits für Kids

Fest, Veranstaltung, Theater

Restaurant, Bistro

Café, Eisdiele, Frühstück

Weinverkostung, Weingut, Weinlokal

Bar, Nightlife, Disco

Kasino

Einkaufen

Strand

Sport, Aktivität

Busverbindung

Parkplatz

Bootsfahrt, Schiffsverbindung

Wassersport

Zugfahrt

Touristenbahn, Historische Eisenbahn

Rundflug, Flughafen

Die im Kapitel Bastia und unter den »Vista Points« beschriebenen Orte und Sehenswürdigkeiten sind auf der **separaten Karte** mit einem roten Stern (★) gekennzeichnet.

Bei den empfohlenen Restaurants werden Preiskategorien angegeben, die sich jeweils auf ein Hauptgericht mit Getränk beziehen:

€ – untere Preislage (15 bis 25 Euro)
€€ – mittlere Preislage (25 bis 45 Euro)
€€€ – höhere Preislage (über 45 Euro)